ヨベル新書
073

キリスト教 の
諸時代 IV

──エラスムスと教養世界

金子晴勇［著］

YOBEL,Inc.

装丁　ロゴスデザイン：長尾優

序文――エラスムスの世紀の到来

ホルバイン、デューラー、マサイスによるエラスムスの肖像画をみると、画家たちは尊敬の念をもってこの人文主義の王者を描いている。黒い博士帽をかぶり、書物をたずさえた彼の姿は、人文学者としての威厳にみちている。とくに彼が耽読した古典文献、また彼の手になる作品は、彼の武器であり、彼と書物とは切り離すことができない。グーテンベルクによる印刷術の発見は人文主義と宗教改革に巨大な武器を提供しており、これなしにそのような精神運動が成功することはありえなかったであろう。ヒューマニストのエラスムス（デジデリウス・エラスムス Desiderius Erasmus Roterodamus, 1466 – 1536）は書物の人であり、書物によって彼は「世紀の光」として君臨していた。

書物の人は世に知られるごとく類稀れな文章家であって、自己の言論のみによって広汎な権威を獲得した最初の人であったといえよう。彼は知性を暗くするとして激情に流される過激な行動を嫌った。ただ言論による説得と啓蒙によって忍耐をもって改革に当たった穏健でリベラルな指導者として認められていた。彼はたえず旅行し、自著のみならず、驚くべき多数の書物、とくに教父全集としてヒエロニュムス、キプリアヌス、ヒラリウス、エイレナイオス、アンブロシウス、アウグスティヌスと続けて出版し、新しいラテン語訳の付いた『ノヴム・インストルメントゥム』(校訂ギリシア語新約聖書)、新約聖書釈義、詩編注解、論文、書簡を書き続けた。その姿はルネサンスの国際的知識人そのものである。

一般によく読まれた彼の書物は『格言集』『エンキリディオン』『痴愚神礼讃』『キリスト教君主論』『対話集』であった。教皇も、ドイツ諸侯も彼の側に立ち、その意見を求め、イギリスのヘンリ八世、フランスのフランソワ一世、スペインのカール五世、その弟のオーストリアのフェルディナンドといった王侯と彼は文通していた。ギリシア語新約聖書の校訂が完成した50歳のころ、彼の人気は絶頂に達しており、ドイツの人文主義者たちから熱狂的に迎えられ、各国の宮廷から賓客として招かれ、多くの大学は教授の地位を提供しようとした。実に輝かしい勝利であり、エラスムスの世紀がかくて誕生し、彼はプラトンが願った哲人王として君臨していたといえよう。

このエラスムスはルターにとっても「われわれの誇り、われわれの希望」であり、カルヴァンも「人文学の名誉と歓喜」と呼びかけた。ドイツ人文主義の代表者ロイヒリンは言う。「後世の理解あるとらわれない審判者は、この世紀の高揚せる光輝の創始者はエラスムスである、と宣言するであろう。彼こそわれわれを源泉にまで導いた最初の人であり、古典言語をわれわれのものたらしめたのである」と。

彼の肖像画を見ると、顔はひじょうに繊細で神経質のようであり、とくに目立つのは鼻が高いことである。『評論：自由意志』で彼は、主人が奴隷に対し鼻が高いという理由でむち打つとしたら残酷であると言い、意志の責任に対してのみ賞罰は加えられねばならないと説く。だが、この鼻が高いというのは実は自分のことを言っているのである。人相学者ラヴァターは「エラスムスの顔ほど表情に富み、決然とした顔を私は知らない」と言ったそうである。たぶん決然としているのは精神の力のみであり、それが内部からほとばしりでているからであろう。彼の肉体は弱く、寒さに凍りついているためか、袖丈の長い毛皮で縁どられた外套にくるまっている。このような弱い身体を支えているのが彼の精神の力であり、彼こそ精神のみによる独立人であるといえよう。

わたしはバーゼル時代を描いたホルバインのエラスムス像がすばらしいと思う。彼は立って執筆している。目の輝きは静かで冷たい感じがする。そして大学者の輝きに包まれている。彼はオランダ人らしくヨーロッパの思想界を眺め、戦争と過激な言動を沈めようと目をくばっている。

その目はたえず前方を見張っている。日本の重要文化財となっている貨《か》狄《てき》尊者《そんじゃ》像（写真）と呼ばれているエラスムスの立像は、1598年オランダ船の船尾に飾られ、海を見張りながらマゼラン海峡をへて日本にまで渡来して来た。このことを思うと感慨深いものがある。

（出典：https://ja.wikipedia.org/wiki/ 貨狄尊者）

このようなエラスムスが活躍した時代は今日では「ルネサンスと宗教改革の時代」と言われる。一般には近代は16世紀から始まると理解されている。この時代は「ルネサンス」とも呼ばれているが、それはすでに15世紀のイタリアに始まる。この「再生」を意味している言葉はフランスの歴史家ミシュレが最初用い、歴史家ブルクハルト（Carl Jacob Christoph Burckhardt, 1818 - 1897）によって「世界と人間の発見」という意味が与えられて、今日普及するようになった。ところが、その意味内容が宗教的なものか、それとも自然主義的なものかと長く論じられてきた。実際ルネサンス時代の人文主義者たちは古典に親しみながらもキリスト教信仰を堅持していたし、宗教改革も信仰の復興、つまり信仰のルネサンスであるから、ルネサンスと宗教改革はともに近代初頭の人間像を共有していたといえよう。わたしたちはこの時代に共通している人間像の特質をフマニタスの理念や「人間の尊厳」という主題において捉えることができる。

このような人間観の根底には自我の強烈な目覚めと自覚が生じてきており、これがやがて神からも離れて自律していく。こうして近代的な自我は、神だけでなくやがては自然や社会からも離れ、また他者との関係をも断ち切って、自らの理性に、つまり主観性にのみ立って、自律し、ついには「個我《エゴ》」として自己を絶対視するまでに進展していく。これはまた近代ヨーロッパ精神史の必然的な歩みでもあった。

さて、ルネサンスの最初の芽生えは14世紀にまで遡って考察すべきである。この時代にキケロやセネカの古典的人文主義の復興がおこり、それが発展していって古典文献学が生まれてくる。ギリシア・ラテンの古典文学の教師や学徒たちは古くからフマニスタ（humanista）と呼ばれた。そして古典文学と結びついた文体や思想表現にみられる典雅・適切・単純・明晰という一般的特質、さらにそこから生じる円満な教養・調和・協力・平和を愛する精神がルネサンス人文主義の思想を形成していった。とりわけ人文主義（humanism）という表現の中にはラテン語のフマニタス（humanitas 教養、人間性）が含まれており、中世を通して培われてきた罪深い存在としての人間ではなく、「より人間的なもの」をギリシア・ローマの古典の「より人間的な文芸」（litterae humaniores）の研究を通して求めかつ形成し、人間の尊厳を確立することが、共通の思想的主題となった。

エラスムスは自己の思想を「キリストの哲学」として説き始めるが、そこにはギリシア哲学とキリスト教との文化総合の営みが明白に意図されていた。このキリストの哲学の特質が、「理性よりも生の変革である」点と「良いものとして造られた自然の回復」であることが強調され、そこに説かれた「再生」（レナスケンティア）は後にルネサンスと呼ばれた名称の一つの源泉となっている。それに加えヨーロッパ全土を爆笑の渦に巻きこんだ不朽の名著『痴愚神礼讃』(Encomium Moriae）ではこれまでの彼の哲学と正反対の立場から人間について論じられた。というのは痴愚女神が自己礼讃の愚行によって人生と社会における痴愚の不可欠さを語っており、この女神は文芸の神ミネルウァのまさに敵役なのであるから。こうして人びとに「痴愚」と想われているものが実は「知恵」であり、知恵が逆に痴愚である点が軽妙に摘出され、真の知恵が「健康な痴愚」呼ばれているのに反し、うぬぼれた知恵は「純粋な痴愚」にほかならないことが説かれた。

彼は時代の危険な狂気を察知してこれを鎮め、キリストを信じる者に固有の超越的狂気をも論じ、キリスト教世界の再生と改革とを志した。彼は政治の主権者が権力に訴えて戦争を起こしている時代の狂気に対してもたえず警告を発し続け、対立抗争し合う諸国家に向けて人文主義の立場から平和を説き続けた。これに対し君主も教皇も彼の発言に耳を傾けたため、16世紀の四半は「エラスムスの世紀」とも称せられるようになった。こうしてキリスト教思想が時代に内在する対立を調和にもたらした稀なる時代が出現した。

ルネサンスと宗教改革の時代は西ヨーロッパ全体の変革期に当たっていた。それは地理上の発見、自然科学の長足の進歩、個人の自覚の高揚、近代国家の成立、商業の著しい伸張、都市の繁栄、伝統的制度や慣習の改善要求などを見ても明らかである。世界はいまや外的にも内的にも中世的外殻を突破しはじめ、進歩・発展・拡大そのものを解放と感じるような新しい意志が芽生えてきている。それは、コペルニクス（N. Copernicus, 1473－1543）の地動説に対する熱狂的賛辞や、世界が無限であることを感激的に説くブルーノ（G. Bruno, 1548－1600）の学説の中に反映している。宇宙の無限空間の体験が新しい時代の到来を告げている。このような近代初頭の世界経験は近代的人間の基礎経験であって、そこにはすでに近代的な世界形成の指導的理念がいくつか暗示されている。

近代世界もしくは近代的世界像は、神や絶対者から演繹された中世的世界像に対決し、人間の世界経験の内在性から導きだされている。それは世界の構成要素である自然・人間・文化に関する特徴的な理念に導かれている。

同時代の人々がエラスムスから期待し、賞讃を惜しまなかったものは何であったのだろうか。それは精神の新しい自由、知識の新しい明瞭性・純粋性・単純性であり、合理的で健康な正しい生き方の新しい調和の姿であった。これは彼の時代批判によく現われ、『対話集』(Colloquia)や、『痴愚神礼讃』の中に彼の思想は今日に至るまで生き生きと語り続けている。これら最良の作品で語りかけている精神は哲学的でも歴史的でもなくて、言葉のもっとも優れた意味で文献学的である。彼は言語、表現、文体を愛し、古代的人間の叡知が彼の言葉を通して再生し、古典的精神が輝き出ている。しかし、彼が古代に深い同感を示したのは、生活と実践がそこに説かれているという倫理的確信からであった。ところで、彼の精神のもっとも深い根底はキリスト教的なものであって、古典主義はただ形式として役立ち、彼のキリスト教的理想と調和する要素だけが、古代の倫理から選びだされているにすぎない。ホイジンガ(J. Huizinga 1872－1945)はこの点について次のように説いている。

大哲学者というのは、ストア派や逍遙派の哲理を棒暗記で知っている連中のことではなく、その生活と作法によって哲学の意味を表現する人のことである。哲学の目的はそこにあるからである。財宝の蔑視すべき理由を、めんどうな三段論法によるのでなく、その心掛け、その顔つきや眼つき、その生活そのものによって教える者こそ真の神学者である。この規準に従って生きることが、キリスト自ら「復活」(renascentia) と呼んだところのものである。エラスムスは、この言葉をキリスト教的な意味だけに用いる。しかし、それはまさにこの意味において、歴史的現象に結びつけられている概念にきわめて近いものである。長いあいだひとはルネサンスの世俗的、異教的側面をあまりに高く評価してきた。16世紀の精神は異教的形式を楽しんだ。しかし、それが求めた内容はキリスト教的なものであった。エラスムスはこの精神の最も完璧な代表者のひとりである。カピトは彼を讃えて、「文学の復活のみでなく信仰の再生をもたらした著作家」と言った。キリスト教的志向を古代の精神と美しく結合したところに、エラスムスの偉大な成功を解く鍵がある (ホイジンガ『エラスムス』宮崎信彦訳、120―121頁)。

エラスムスは聖書をギリシア語原典によって改訂し、キリスト教自体の源泉に帰るべきを説き、古代的倫理思想との調和に努めた。この聖書的人文主義の特質は彼の説く「キリストの哲学」(philosophia Christi) の中に見られる。この点をわたしたちは彼の教養世界として解明してみたい。

金子晴勇氏所蔵　2021 年 09 月 08 日撮影

キリスト教思想史の諸時代

IV　エラスムスと教養世界

目次

スイス・バーゼル大聖堂、ここにエラスムスの墓が安置されている。

1　ルネサンスと教養

ルネサンスはもっとも包括的に考えるならば、14世紀から16世紀にわたるヨーロッパ史の期間を意味する。「ルネサンス」という言葉はミシュレがはじめて用い、ブルクハルトによって「世界と人間の発見」という意味がそれに与えられ（『イタリア・ルネサンスの文化』柴田訳、世界の名著「ブルックハルト」350頁）、今日一般に使われるようになったが、その意味内容は宗教的なものか、それとも自然主義的なものかと論じられた。この時代は総じて「ルネサンスと宗教改革」と名付けられてもいるように、二つの対立する傾向よって成立していると理解された。しかしルネサンス時代の人文主義者たちは、古典に親しみながらキリスト教信仰を堅持しており、このキリスト教的特質がアルプスを越えたヨーロッパではとくに顕著であった。

ルネサンス・人文主義の一般的特質

そこでルネサンス・人文主義の一般的特質をまず考えてみよう。キケロやセネカによって代表される古典的な人文主義と比較すると、それは古典文献の復興として始まり、「人文主義」とも訳されるような人文学の復興という学問運動の性格をもっていた。したがってギリシア・ラテンの古典文学の教師や学徒が古くからフマニスタと呼ばれていた。彼らは教師や秘書として活躍し、古代の文芸や哲学の再興の上に立って独自の思想を形成したのである。こうして古典文学と直接結びついた形でその思想が出発し、ラテン語の文体、思想表現に見られる典雅・適切・単純・明快さが尊重され、同時にこのような教育と傾向による円満な教養・調和・協力・平和愛好の精神が倫理の理想として説かれた。

このような意味で「人文主義」は「ヒューマニズム」とも言われるが、その言葉のなかには明らかに「フマニタス」(人間性)の意味が含まれている。これはギリシア語のパイデイアに当たることばで精神的教養を意味する。キケロはいう「わたしたちはみんな人間と呼ばれてはいる。だが、わたしたちのうち教養にふさわしい学問によって教養を身につけた人びとだけが人間なのである」と。ここでの「教養」と訳してあるのがフマニタスであり、人間にふさわしい在り方をいう。このことばのなかには「人間の尊厳」という思想が含まれており、ルネサンス時代の人文主義はこのフマニタスを再認識すること、つまり中世を通って人間の本性が罪に深く染まり、堕落しているとみる考え方を退けて、人間の堕落しない神聖なる原型、キケロのいう「死すべき神」としての「人間の尊厳」を確立しようとした。これと並んでルネサンス時代の人文主義はこうした人間性を古代ギリシア・ローマ文化にまで遡って発見し、習得しようとするものであり、そこには「もっと人間的な学問」(litterae humaniores) また「良い学問」(bonae litterae) と呼ばれている「人文学」の復興が意図されていた。

このような人文主義の精神はセネカ (Lucius Annaeus Seneca, c. 4BC – AD65) の根本命題にもっともよく表れているといえよう。セネカは「人間は、人間的なものを超えて出ることがないとしたら、なんと軽蔑すべきものであろう」と言う。それゆえ人間は「より人間的なもの」(フマニオラ) となってゆく自己形成と教養にたずさわり、自己をその本来の理想的な形へ向かって超越することによって自己形成をなしてこそ、はじめて人間たりうる、と説かれた。この超越的な存在は現世を超えた世界的な規模のゆえに宇宙論的な世界として想定された (グレトゥイゼン『哲学的人間学』金子晴勇訳、知泉書館、2021年、第8章を参照)。

この自己形成は最終的には神に似た尊厳にまで達するものと考えられていた。たとえばルネサンス時代のキリスト教的な人文主義者であるピコ・デッラ・ミランドラは「あなたは自己の精神の判断によって神的なより高いものへと新生しうる。……人間はみずから欲するものになりうる」（G. Pico della Mirandola, De Hominis Dignitate, De Ente et Uno,e Scritti Vari,ed.E.Garin, 1942, p. 106. ピコ『人間の尊厳についての演説』佐藤三夫訳『ルネサンスの人間論』有信堂、１９８４年、207頁）と、つまり人間は自己の現在を超越して最高の存在にまで到達することができると主張した。こうした主張からなる彼の『人間の尊厳』という著作は、ルネサンスの宣言書であると言えよう（ガレン『イタリアのヒューマニズム』清水純一訳、創文社参照）。しかし、この「ルネサンス」ということば自体は、キリスト教的な「復活」や「再生」という宗教的意味をもっている。この点ブールダッハが『宗教改革・ルネサンス・人文主義』（創文社、１９７４年、101頁以下）で詳論している通りである。しかしながら、その内容をよく検討してみると、宗教的であるのみならず自然主義的要素をも含んでいることがわかる。それは単純な意味での「再生」、自分の力によってもう一度生まれ変わること、しかもそこには、ワインシュトックが説いているようにウェルギリゥスの夢見た黄金時代の再来を示す循環的に回帰してくる再生の思想があるというべきであろう（ワインシュトック『ヒューマニズムの悲劇』創文社、１９７６年、264頁以下参照）。ルネサンスは黄金時代がめぐってくるという期待に満ちており、宗教的な復活をもこのことと一致させて理解しているといえよう。

ところでアルプス以北の人文主義運動は倫理的・宗教的性格が強く、学芸の復興から新しい神学の形成へ向かう方向転換が生じ、人文主義は宗教改革と結びついて発展してゆく。ここでの特色は聖書文献学に結実し、すでにローレンツォ・ヴァッラの著作『新約聖書注解』(エラスムスにより1505年に出版)によって開始されていた、この分野での研究が著しく発展するに至った。それはフランスのルフェーブル・デタープル、イギリスのジョン・コレット、ドイツのロイヒリン、オランダのエラスムス等の著作にあらわれ、その成果は宗教改革者たちの思想形成に大きな影響を与えた。

ペトラルカの「人間の尊厳」の伝統

次にエラスムスが多くの人たちを通して学んだイタリア・ルネサンスの新しい人文学について述べなければならない。この人文学の復興こそエラスムスの生涯にわたって遂行された事業であったが、そこには新しい人間観が誕生してきていた。この人間観はこの時期の全過程を貫いている共通の主題で表現すると、「人間の尊厳」(dignitas hominis)と言うことができる。ルネサンスは最初14世紀後半のイタリアに始まり、15世紀の終わりまで続いた文化運動である。

ペトラルカ（Francesco Petrarca, 1304 - 1374）は、山岳文学の創始者となった有名な「ヴァントゥー山の登攀《とうはん》」を書いた。そこで彼は素晴らしい山岳の景観によって圧倒され、携えてきたアウグスティヌスの『告白録』をとり出し、「人びとは外に出て、山の高い頂、海の巨大な波浪、河川の広大な流れ、広漠たる海原、星辰の運行などに讃嘆し、自己自身のことはなおざりにしている」（『告白録』第10巻第8章）を読んでから、「人間の偉大さ」について次のように語った。

私は憤然としました。そして、熱心になおも聞きたがっている弟に、そっとしておいてほしいと頼み、書物をとじました。魂のほかにはなんら感嘆すべきものはなく、魂の偉大さにくらべれば何ものも偉大ではないということ、このことを私は異教の哲学者たちからさえもとっくに学んでおくべきだったのに、いまなお地上のものに感嘆している、そういう自分が腹立たしかったのです。私は長い沈黙のうちに瞑想にふけりました。人間は愚かにも、みずからのもっとも高貴な部分をなおざりにして、さまざまなことに気を散らし、むなしい眺めにわれを忘れては、内部にこそ見いだせるはずのものを外にもとめているのだと。同時に私は讃嘆の念にも打たれました。われわれの魂がもし、みずから堕落して自己本来の姿にそむきさり、神が名誉として授けたまいしものを変じて汚辱となすようなことをせぬならば、その高貴さはいかばかり

であろうかと。(ペトラルカ『ルネサンス書簡集』近藤恒一訳、岩波文庫、765―767頁)

さらにペトラルカはこのような自己省察に重要性を説き、「古代人への書簡」のなかで、キケロをその文体と教えのゆえに感嘆するのであるが、自己に対する反省のない点を非難する。彼は次のように言う。

実際、あなたが他者に教えを説き、いつも美徳について美しいことばでかたるとしても、あなた自身は自分に耳を傾けないのなら、一体それが何の役に立つでしょう。(前出、146―147頁)

ここにペトラルカによって語られた「人間の尊厳」の主題が明瞭に説かれる。その際、彼は道徳的高揚のために文化を利用し、そのモデルとして異教的ローマ文化を取り上げるが、自分の思想的な企てがキリスト教的なものであることに疑いを懐くことはなかった。彼は真にキリスト者であり、深淵的な宗教家であって、古典作家たちを尊重するも、彼らを批判することも忘れない。それは『わが心の秘めたる葛藤について』(De secreto conflictu curarum mearum)の中で語られた。心の葛藤は彼を導いて信仰心の再生と恩恵による救済への信頼に向かわせる。これによって人間は自己不信と絶望に打ち勝つことができる。この宗教的な再生は精神的な尊厳を回復することを意味する。再生した者は神の霊に従う生きかたを採り、神が自分の霊に語りかける声に耳を傾ける。それゆえペトラルカは「霊が何を勧めているのか、きみはわかっている。どれが道で、どれが逸脱か、なにを求め、なにを避けるべきかを告げているのがわかっている。救われたい、自由でありたいと切望するなら、霊に従いたまえ」（ペトラルカ『わが秘密』近藤恒一訳、岩波文庫、262―263頁）と勧告する。

彼の晩年の著作『自分自身と他の多くの人々の無知について』は、同時代人がアリストテレスの自然哲学を金科玉条のように信奉していることに対する痛烈な批判の書である。彼はアリストテレスの学説を痛烈に批判してはいるが、むしろ同時代人が自己の道徳的、精神的苦悩と結び付いて自己反省を行っていない点を非難した。つまり自然や動物たちについての認識がどれほど有効であろうとも、人間の本性についての認識がなくては無益であると彼は言う。それゆえ彼はこのような魂への無関心のゆえに当代の知識人やスコラ神学者たちと自己とを区別する一線を画した。ここから彼は同時代人のための道徳的助言者という新たな役割を担い、同時に他人にもこの役割を果たすよう呼びかけた。彼はその例としてセネカ、キケロ、リウィウス、ウェルギリウス、ホラティウスを挙げ、彼らと同じ役割を果たしたと言う。

ロレンツォ・ヴァッラの聖書文献学

14世紀から15世紀の中葉に至るまで人文主義者たちはペトラルカに典型的に示されているように、キリスト教人文主義に立ち、教会の信条を否定しなかったにしても、神学と哲学とを思弁的に総合するスコラ神学には反感を懐いていた。ところが15世紀の中葉にロレンツォ・ヴァッラ（Lorenzo Valla, 1405 – 1457）が文献批判の方法をもって「コンスタンティヌスの寄進状」の誤りを指摘し、この文書はコンスタンティヌス皇帝の時代のものではなく、8世紀に作成され、誤って信じられた偽造文書であることを実証し、教皇の政治的な至上権の歴史的妥当性を攻撃するに至り、人文主義者たちは教会に対し批判的な姿勢をとるようになった。また、ヴァッラで特記すべきことは『新約聖書注解』によって欽定ラテン訳聖書ウルガタの誤りを数多く指摘し、エラスムスが確立した16世紀の聖書文献学への道を開拓した点である。

ヴァッラはキリスト教的人文主義との関連ではペトラルカの思想をいっそう進めており、異教の哲学とたわむれる普通の正統派カトリック人文主義者とは一線を画し、キリスト教と異教思想との総合に強く反対し、理性と信仰、哲学と神学とは調停しがたいことを主張した。

ヴァッラは『真の善について』(De vero bono, 1432) のなかで人間の本性について論じ、まず徳によって癒さなければならないこの世の悪に関するストア学派の嘆きを対話形式によって紹介し、次いでエピクロスの人生の目的としての徳の否定と快楽の賞讃を語り、最後に人間にとっての真の善として天上的な快楽を挙げて、キリスト教を擁護した。一般的にはエピクロス派は「放蕩者」「好色家」「不敬虔者」と同義に理解されてきたが、ルネサンスの時代ではそれが肯定的に評価されるようになった。

彼はストア派、エピクロス派、キリスト教の三者の道徳説を比較しながら論じたが、ストア派やエピクロス派の概念が古代におけるそれと一致せず、用語が厳密さを欠いている(クリステラー『イタリア・ルネサンスの哲学者』佐藤三夫監訳、みすず書房、42–50頁参照)。しかし、エラスムスになるとその『対話集』で展開する「エピクロス派」では快楽主義をキリスト教に沿って再解釈する点で古代思想に対する新しい解釈と受容の仕方が提示されるようになる。ここにも古代教養を正しく受容する仕方が提示されるようになった。

ピコ・デッラ・ミランドラの『人間の尊厳』

このような古代文化の受容と解釈は、エラスムスの同時代人ピコ・デッラ・ミランドラ（Giovanni Pico della Mirandola, 1463 - 1494）の『人間の尊厳についての演説』（Oratio de hominis dignitate, 1468）によって完璧な表現に到達したと言えよう。この有名になった演説は、彼がローマで自説を支持しようとして提出した「九百の命題」に関する公開の討論につけた序説であって、それが「演説」として書かれた。教皇庁の委員会が「九百の命題」の中で異端的なもの、あるいは異端的解釈に傾いたものを幾つか見いだすと、教皇インノケンティウス8世は、それらを非難して討論を禁止した（このようにして『演説』はついに発表されなかった。またピコの生前公刊されることもなかった）。それにもかかわらず彼は、１４８７年に公刊された彼の提題を弁護したとき、『演説』の一部を用いた。そして元の演説は彼の死後暫くしてその甥によって出版された、彼の著作集の中で公表された（ピコ『人間の尊厳についての演説』佐藤三夫訳、『ルネサンスの人間論』有信堂、１９８４年所収、222頁参照）。

ルネサンスにおける「人間の尊厳」という主題は、この時代の思想家たちの思想を明らかに表明している。たとえばフィチーノ（Marsilio Ficino, 1433 - 1499）が宇宙の存在段階を通して人間の超越性を説いており、人間の成長段階のいずれにも属する自由とみなし、主体的な選択によって自分自身の存在を決定できると述べたが、ピコはこの学説を独得のドラマティックで修辞学的な先鋭化した表現でもって鮮明に説き明かした。彼はそれを補強するために歴史、宗教、魔術、思想などのさまざまな伝統に見られる神に到達しようとする人間の努力を付加することによって、フィチーノよりも遥かに広範な領域にわたってそれを基礎づけた。

人間の尊厳の主題は古代以来「我々にかたどり、我々に似せて、人を造ろう。そして……すべてを支配させせよう」（創世記1・26）の解釈という形で伝えられてきた。ピコはこの演説の中で神の人類創造の方法やアダムについて註釈し、さらに『ヘプタプルス』（Heptapulus, 1488-9）でもその形式を踏襲した（この著作は、伝統的な『ヘクサエメロン』が天地創造の六日間についての注釈であったが、それに神の安息日である7日目を付け加えた註解を指す）。そこでは彼は新プラトン主義の宇宙論と人間論を展開するが、その学説はフィチーノと同様に新プラトン主義的要素を含む中世ユダヤ教の魔術的伝統、つまりカバラ思想によって著しく変更されている。こうしてピコは、人間の尊厳の主題をヘクサエメロンの伝統に復帰させると同時に、この聖書解釈学の伝統を新たにカバラ、ヘルメス、アヴェロエス、新プラトン主義などの思想によって一新したのであった。

こうして人間とその特殊な性格の位置づけを説明するために、ピコは創造の瞬間を次のように叙述する。すなわち全宇宙の創造を終えた神は、世界の諸原因について省察し、その美を愛し、その雄大さを感嘆することのできる存在をつけ加えるようと決心し、人間を創造するに至った、と。彼によると創造者はそのすべての賜物のなかから選んで、人間をその意志によって決定できる者と定めた。それゆえ人間は明らかに何か定められた特定の本質や本性をもっていない。彼は天のものでも、地のものでも、死すべきものでも、不滅のものでもない。そうではなく人間はその意志を用いることを通してすべてのものと成ることができる。人間は植物や、動物や、天の存在や、天使となることができるし、あるいは、また神自身との合致するように自分を高めることもできる。このような可能性を人間は所有している。したがって人間の課題は、生命の低い諸段階を乗り越えて、神へと自分を高めることである。彼はこの点を神がアダムに向かって次のように語ったと言う。

あなたはいかなる制約によって抑制もされないで、わたしがあなたをその手中においたその意志決定にしたがって限定された自然本性を自己に対して決定するだろう。わたしは世界の真中にあなたをおいた、それは世界の中にあるすべてのものをそこからいっそう容易に考察するためである。わたしはあなたを天のものとも地のものとも、死すべきものとも、不死なるものとも創らなかった。それはあなたが自由で名誉ある造り主また形成者のように、自分が選んだどのような形にでもあなた自身を造りだすためである。あなたは堕ちて獣の世界である低次のものとなることも、神的なものである高次のものに自分の心の判断によって再生されることもできる（G. Pico della Miranda, De hominis dignitate, ed. Garin. 私訳）。

これに続けて「おお、父なる神のこの上なき寛大さよ。人間のこの上なき、驚嘆すべき幸福よ。人間には自分が選ぶものを所有し、自分が欲するものとなることが許さている」とある。ここに人間の尊厳が最高の可能性に向かう決断であることが説かれた。

では「自己の最大の可能性」とは何を意味するのか。世界には多くの可能性はある。その可能性の間には明らかな順序や序列がある。そして彼に近づきうる生の最高の形式を選ぶことは、人間の課題であり義務である。人間の尊厳は彼の選択の自由の中にある。なぜなら彼に開かれているさまざまな可能性は、最高の可能性を含んでいるからである。それゆえ人間の尊厳は最高の可能性が選択される時にのみ実現される。

ピコの思想は道徳的および知的な二者択一の見地から展開する。人間の優越が実現されるのは、彼に与えられた道徳的および知的な生の最高形式を選択するときだけである。またこの優越が彼の本性に属するのは、この本性がその可能性の中にあの生の最高形式を含むという意味においてだけである。この最高形式が神との関係で求められるところに「人間の尊厳」という主題はキリスト教の「神の像」に接近していく。このことが彼によって解明された。

ピコによると生の最高形式に向かう超越は、イスラエルの神殿の構造、つまり前庭・聖所・至聖所の三段階を経て、しかもそれぞれ道徳哲学・自然哲学・神学によって、人間の三段階である意志・知性・霊が導かれることによって成立する。この最終段階の哲学と神学との役割について彼は次のように語る。

彼らがこの聖所のなかに入るのをゆるされた後に、ある時は神の高御座《たかみくら》にある多彩な、つまり神々しい衣装を、ある時は七つの光により飾られた天の燭台を、またある時は皮でできた天幕を、哲学の司祭職によって観照するであろう。こうして最後に神学の高き功徳により神殿の中にまで入るのをゆるされ、神の御姿を、妨げている顔覆いなしに、彼らは神性の栄光を見て楽しむであろう（前掲訳書215—216頁参照）。

このように生の最高形式は神との関係によって把握された。その際、彼が志した魂の無限な追求と努力の中にルネサンスにおける人間学の基本的な特質が明瞭に姿をあらわしている。確かに生命は、全き多様性のもとで自己のうちに中心をもつものとして現われ、同時にそれは無限なるものへ、見える世界を超えたものへ向かうこの方向性を備えている。このような世界を超えて無限に上昇しようとする魂の運動は近代的主体性の根源に見られるものであり、一方において神性の意識を生み、他方において自律的な意志を確立する。

エラスムスにおける教養

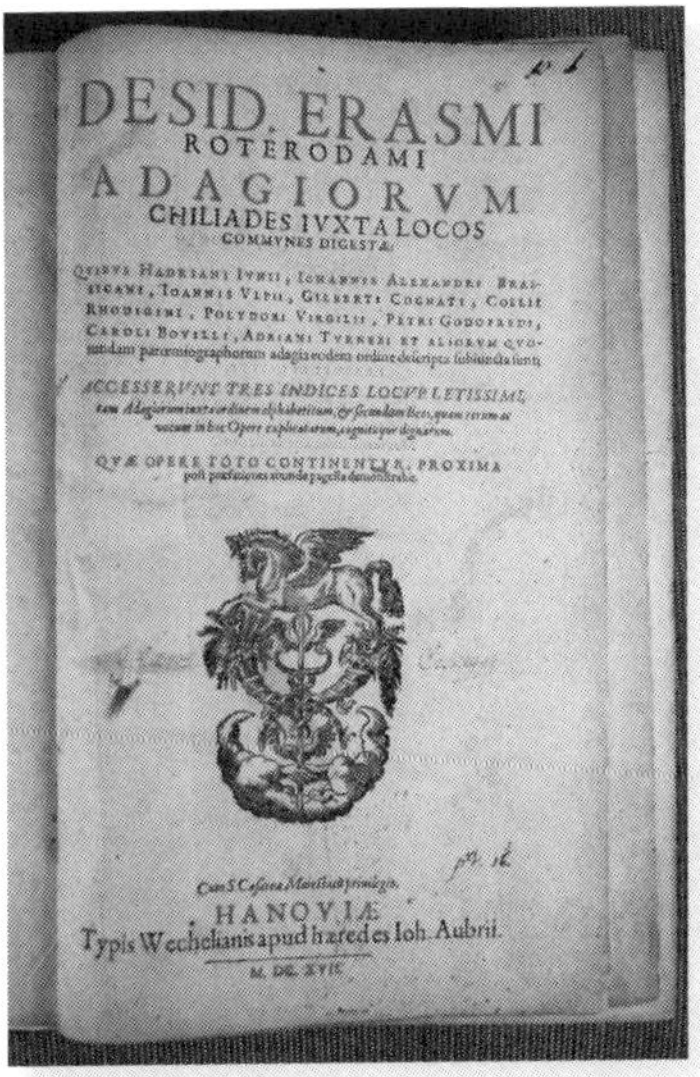

エラスムスはピコより僅か3歳若かったにすぎないが、彼の中にルネサンス的な人間と思想が完全な成熟に到達しており、これまでのような人文主義に付きまとっていた衝動性と感激とを払拭するようになった。非合法な結婚によって生まれた彼は貧しい青春時代を経過し、修道院からパリに留学し、ラテン語とギリシア語に磨きをかけ、1500年に『格言集』（Adagia）を出版する。格言を収集した作品が16

世紀ルネサンス時代に多く出版されたが、その中でもこの作品が最大の規模となった。この書はその後版を重ねるごとに分厚くなり、最終版では4151個の格言が収録された（わたし自身はその最終版に属する1617年にハノーバーで出版された版を所有している。それはとても古くなっても出版されたときは子牛革製の美装本であった）。

当時の人びとはこのような格言を口にすることによってギリシア・ローマの古典および聖書の神髄を身につけることができると信じた。そのため歓迎され、大変よく読まれた。この作品ではギリシア語とラテン語という古典語の格言があげられているだけでなく、エラスムスはヒューマニストらしく多数の文献を渉猟しながら、それぞれの格言がどのような意味で用いられてきたかをとても詳細に解説を加えて紹介した。ここに彼の驚くべき教養の世界が展開する。

この点について続く二つの章で詳論することにしたい。

［談話室］　ペトラルカとアウグスティヌス

ペトラルカは文筆活動によって、セネカ、キケロ、リヴィウス、ウェルギリウス、ホラティウスを挙げ、これらの偉人たちの業績と張り合おうと努めた。実際、彼の同時代人に宛てた彼の数多くの書簡は、すぐれた道徳的助言に満ちている。また彼の歴史的な著作である『卓越した人々について』は、彼の同時代人が倫理的徳の面で見習うべき立派な人々の例として書かれた、ローマの偉大な政治家たちの伝記である。

ペトラルカはこのようにして、人間とその魂とがわたしたちにとって真に重要な主題であると力説する。その際、彼は道徳的高揚のために文化を利用し、そのモデルとして異教的ローマ文化を取り上げるが、自分の企てが基本的にキリスト教的性格をもつことに疑いを抱くことはなかった。彼は真にキリスト者であり、深淵的な宗教家であって、古典作家たちがそうでないことも知っていた。それゆえ彼の重要な助言者となったのは、アウグスティヌスであった。その『告白録』は40回も繰り返し読まれたと言われる。このことは『わが心の秘めたる葛藤について』の中で、ペトラルカが同時代人のために自分の内面を告白し、アウグスティヌスが『告白録』と同じ葛藤を体験している者として、自分自身を描いていることにも示される。彼の考えでは、内面的な葛藤の解決法は信仰心の再生と恩恵による救済への信頼のほかになく、それによって人間は自己不信と絶望に打ち勝つことができる。彼は自分の思想を述べるとき、こうした古代に思想家をつねに引用し、歴史的な文献を巧みに使って、客観性を高めながら叙述する。ここに彼の教養がみごとに披瀝されているといえよう。

2　教養の概念――『現世の蔑視』と『反野蛮人論』から

修道院に入ったころ、エラスムスは若い人びとに対して修道の生活をすすめる文章を書いて欲しいとの依頼を受け、『現世の蔑視について』という小冊子を書いた。その内容は自分が行なったように修道院に入って閑暇《かんか》のある静穏の日々を多くの読書のうちに過ごし、真の歓びを見いだすように友に勧めているもので、書簡体で書かれており、中世以来の「現世の蔑視」の系譜に入っていても、内容は人文主義の精神にみたされていた。

古典著作家たち、たとえばウェルギリウス（Publius Vergilius Maro, c. BC70 - BC19）とテレンティウス（Publius Terentius Afer, BC195/185 - BC159）は、単に装飾的な付属品ではなかった。エラスムスのような人々を動かしたのは、「良き学問」（bonae litterae）すなわち古典文学の研究という理想であった。当時の人々は初めラテン古代に魅了された。エラスムスと彼の友人たちは、詩を書き、自分たちを詩人だと感じており、表現法や音樂的な言葉に敏感だった。しかし言葉は内容を伴う。

彼らは平凡で荒涼とした現実に対立する美の新しい世界に憧れたのである。美への憧れは当時流行だったが、それだけではなかった。

当時すでにエラスムスは、ラテン著作家たちについてのかなりの知識を身に付けていたようである。ある手紙で彼は無造作に15人の名前を挙げているが（Allen. EP 20, 97-101）、その頃の彼の手紙をみると、彼がどのような著作家たちを読んでいたかがわかる。彼は、フランチェスコ・フィレルフォ、アゴスティーニ・ダティ、ポッジョ・ブラッチョリーニ、とりわけロレンツォ・ヴァッラといったイタリアの人文主義者たちのこともよく知っていた。教父のなかではアウグスティヌス、とりわけエラスムスの生涯を通しての導きの星となったのはヒエロニュムスである。

当時のオランダは地理的に言っても田舎であった。そのようなところではエラスムスとその仲間たちのグループは例外的存在であった。ヨーロッパの他の地域の修道院では、修道士たちは多少は古典文化に通暁しており、言葉遊びをし、古典古代という遥かなる世界に魅了されたが、次第に自分たちの置かれた運命に逆らわなくなった。エラスムスの最初の著作をみると、彼がこのような人々よりもいっそう深く思索していたとがわかる。その著作とは『現世の蔑視』（De contemptu mundi）であり、彼がこれを書いたのは１４８０年代の終り頃である（ASD V,1, 1-86）。

『現世の蔑視』における人文主義

ここに展開する修道生活への勧誘というテーマは、過去何世紀もの間にはとても馴染み深かいものであった。それゆえ一見すると彼もこのような伝統的な主題に取り組んでいるように見える。この点は書物の各章に付けた見出しをみても判明する。そこには「現世に留まることは危険である」、「富の蔑視」、「名声は虚しく、不確かである」と付けられた（ASD. V. 1, 44 : 46; 50: CWE. 139: 141: 144)。しかしこのようであってもこの著作自身から来る第1印象はことなり、各章の表題は偽りである。この作品を読めば、その目的が修道生活の賛歌であるということがわかる。ところが讃美の目的とするところは修道生活とは全くかけ離れた特別の理由からなのである。

ここで確信をもって主張された中核をなしている事柄は、古典古代で勧められている孤独な生活の卓越性である。したがって彼はキリスト教的な修道の理想を説きながらも、実際は精神的貴族によって実現される人間一般の理想を論じた。しかも彼は修道院で生活しながら人文主義的な関心をもつだけでは満足しない。

修道生活は自由を与える。キケロの言うところによれば、自由とは人がその欲するままに生きられることである。それゆえに、もし人が修道士たらんと欲するならば、自由を得るであろう。しかし、何にもまさって修道生活は至上の浄福を提供する。ある人々にとって、これは天上の事柄の幻のうちに存する。聖ベルナールは、もし神の幻が僅か半時間しか続かないにしても、それはこの世のあらゆる愉悦にまさると述べた。わたし自身、人々が歓喜のあまり涙にくれているのを見たことがある。もっとも、このような経験はわたし自身のものとなったことはないと、告白しなければならない。さらに、学問を志す人間にとって、修道院は何という幸せを与えるであろうか。人はそこで読書し、反芻し、著述することができる。この喜びは決して絶えることがない。いろいろの種類の図書があるからである。だがもしそれを源泉そのものから味わいたいなら、新旧二つの聖書が調べられる。もしそれ自身でも美しい真理が雄弁の魅力によっていっそう優美になるのを好むなら、ヒエロニュムス、アウグスティヌス、アンブロシウス、キプリアヌスその他同類のものに向かう。もしもラクタンティウスにいやけがさすならば、キリスト教的なキケロに耳を傾ける喜びがある。もっと大部のものをお望みとあれば、大アルベルトゥス、あるいはトマスを。書物のうちに見いだされるのは、聖なる書物に盛られた宝、預言者と使徒たち、注釈者と博士らの記念碑である。あるいは、哲学者や詩人たちの著作もある。これらを遠ざけてはならない。何となれば、有害な植物のうちには薬草も含まれるから。暇にまかせ、恐れから自由に、このような書物の中に生きること、それは楽園の喜びを味わうことではなかろうか。ここには赤いばら、白いゆり、あそこには紫のすみれ、そして甘美なタイムの芳香がある。果物は美味で健康に良い。この楽園を通って透明な小川が音を立てて流れている。この魅力に満ちた避け所であなたは意のままに自由に歩き回ることができる（ASD V-I, 79, CWE. 170）。

彼は修道院と人文主義との両者を互いに融合させようとする。だが、この著作ではこの統合はうまく実現しなかった。この著作は１４８０年代に書かれたと推定されているが、出版は１５２０年代に入ってからである。彼は、明らかにもうすでに感じていた修道生活の無意味さに対して新しい意味を与えようとした。

「良い学問」（bonae literae）としての古典文化

次にエラスムスの著作『反野蛮人論』（Antibarbari）では学問について詳しく論じられた。「良い学問」（bonae literae）の中にあるリテラは元来「作品」の意味をもち、複数形でも用いられ、異教徒たちによる発明のうち、たとえば斧や鋸、楔《くさび》、定規など、鉄や鋼の加工、織物、染色、金属の鋳造などに属する。これらの異教徒の発明の一つに属する「学問」について次のように言われる。

悪霊によって発明されたものの使用があなたがたに許されるのなら、学識豊かな人々の学問(litera)の使用もわたしたちに許されるのではないでしょうか。……わたしたちがラテン語で書き、ともかくラテン語で話すということを、わたしたちは異教徒から受け取りました。彼らによって文字(Characteres)が考えだされ、彼らによって弁論(oratio)の使用も発見されたのです(ASD I-1, 80, 17-18; 23-25.)。

それゆえリテラ(litera)は「言葉に関する技術」である。それは古典文化から受け継いだ「文字」、「手紙」、「文書」などを指しているが、この書では「学問的な知識・教養」、「学問的な研究」、「学問」をも意味する。その同義語は eruditio と disciplina である。eruditio の意味は、「教育」とそれによってえられる「教養」や「博識」である。disciplina も教育内容であって「知識」、「学問」、「教養」である。

ではこの知識・学問の具体的内容な何であろうか。それは一般の人には誤って不道徳のように考えられている。

ある人がとても学問（literae）に精通していると、その人はきわめて不道徳であると一般的に言われているのをわたしは耳にする。この侮辱は修辞学者や詩人たちだけではなく、神学者、法学者、弁証家また他の学識豊かな人々にも向けられます。それはすべての人によって反駁されなければなりません。……彼ら〔野蛮人たち〕は詩（poetice）をみだらな業だと考え、修辞学（rhetorice）をおべっか術のほかの何ものでもないとみなし、地理学（geographia）と天文学（astrogia）が占いのような穿鑿《せんさく》好きで好ましくない術（artes）であると信じています」（ASD I-1, 85, 18-21）。

またヒエロニュムスの手紙から引用して、「自由学芸」（artes liberales）、つまり文法、修辞学、哲学、幾何学、弁証学、音楽、天文学、医学もそれに属するという（Allen EP 53,6,1）。アウグスティヌスも自由学芸を「すでに成就されたもの、あるいは神によって制定されたもの」としている点が指摘される（アウグスティヌスの『キリスト教の教え』〔De doctorina Christiana〕第2巻19章から40章までに10箇所をエラスムスは『反野蛮人論』で引用している）。そこには論理学、修辞学、自然学、幾何学、天文学、音楽、歴史、文法、弁証論があげられており、アウグスティヌスによると「弁証論、修辞学、自然学、歴史等々の人間の才能（ingenium）によって発見された諸学問（disciplinae）は、人間がこれらのものを、〈自分で作りだしたのではなく、どこにでも注ぎ込まれている神の摂理（providentia）という言わば鉱山から恰も金や銀のように掘りだした〉（アウグスティヌスの『キリスト教の教え』II, 40, 60 MPL.34, 63）がゆえに、金や銀で鋳造されているように思われた」（ASD I-1, 117, 19-23）。

ところでこうした「世俗の学問」（prophanae literae）がなぜ使徒たちには授けられていなかったか、という問題が提起され。これに対して次のように答えられる。

もしも言葉を正しく話したり、話す人たちを理解することが単に賦与されたものなら、文法の教師があわれな青年たちを苦しめ悩ます理由は何もないでしょう。もし人間の精神がいかなる雲によっても妨げられずに、容易にまた瞬時に真理を見たり提示したりするなら、わたしたちが推論や弁証論的な精妙さで訓練を受けるのは無意味です。わたしたちが心の感動を自在に自分のもとにとどめておいたり、また他の人々のなかに呼び覚ましたりすることができるのであれば、修辞学の規則を学ぶ理由はありません」（ASD I-1, 136, 22-28）。

これによって判明することはエラスムスが世俗の学問の中でも文法、修辞学、弁証学、詩などの言語、表現法、推論の方法を重んじているということである。「もし異教徒たちが知恵という金、雄弁という銀、良い学問という調度品をもっているなら、それらすべてを荷造りして、わたしたちの役に立つように適応させなければなりません。窃盗《そし》の謗りを恐れるのではなく、むしろその行為の素晴らしさに対する称賛と報酬を大胆に望みましょう」(ASD I-1, 117, 11-15)。ここでいわれている銀としての雄弁、つまり弁論術は、先の文法・修辞学・弁証論・詩などを総合的に実践するものである。

古典文化とキリスト教との文化総合

終わりにこの書でエラスムスが目ざしてきた学問が究極において古典文化とキリスト教との統合である点を指摘しておきたい。それゆえ、これまで考察してきた「世俗の学問」といっても、その中には「良い学問」とそうでないものとをキリスト教徒は分けなければならないと次のように説かれる。

異教徒の発見したもののなかにはある種の差異があります。つまり一方は無益で、危険で、有害ですが、もう一方は非常に有益で、健全で、必要ですらあります。悪いものは彼らのもとに残しておくべきですが、良いものはわたしたちのために利用すべきではないでしょうか。そしてこのことこそキリスト教的な人間、慎重で学識豊かな人間のすべきことです（ASD I, 1, 81, 23-82, 1.）。

わたしたちは異教徒の学問から逃げるべきではなく、それをよく清めてキリスト教徒の教養に移さなければなりません。……わたしが「よく清めて」と言ったのは知識（scientia）に関してではなく、意見（opinio）に関して言っているのです。異教の哲学者たちの誤りを読むことではなくて、それらを教会の議論に混ぜ合わすことが有害なのです（ASD I, 1, 112, 17-23）。

彼は古典文化と良い学問を選別し、雄弁と知恵を選択したが、選別の基準はキリスト教にとって有益であり必要である点である。したがって「学識があり良い人々」というのは「何が良いことかを自分で理解しており、それに従う人々」である。したがって、それはキリストの教えを基準にした正しさであり、キリスト教的真理のことであって、学識ある人々の役目は異端者たちからキリスト教の正しい教えを峻別していなければならない。このような学識ある人々とはヒエロニュムス、アウグスティヌス、キプリアヌス、クレメンス、ヨハネス・クリュソストモスなど多数の教父であって、彼らの学識は「キリスト教的な教養」(eruditio Christiana) と呼ばれた。また学識と敬虔を備えた人としてトマスとスコトゥスの名前も挙げられている。

さらにエラスムスは、ペトラルカと同様に学識ある人々には雄弁が不可欠であるという。

高潔に生きている人は確かに偉大なことを実行していますが、それは自分にとってだけ、もしくは自分と一緒に生活している少数の人にだけ有益です。しかし、もし彼の正しい生活に学問的な知識(doctorina)が付け加わるなら、どれほど徳の力は増し加わることでしょう。……その人の心のもっとも美しい想念 (cogitatio) を文書に移すことができるなら、すなわち学識があり、また雄弁であるなら、必ずやこの人の有益さはもっとも広く留まることでしょう。彼の友人や、仲間や、近くにいる人々だけにではなく、知らない人にも、後の時代の人々にも、遠隔の地に住んでいる人々にとってもそうなります (ASD I, 1, 103,18-25)。

この雄弁によってキリスト教の教えがすべての人々に時空を越えて伝わり広められる。それは人々の前で上手に話すことよりも、文字を使って上手に語る文章の巧みさに求められた。そこからキリスト教の正しい教えを理解し伝達する聖書解釈の重要性が出てくる。この聖書解釈についてアウグスティヌスは「すべての聖書解釈は二つの方法にもとづいている。それは理解されなければならないことを見い出だす方法と、理解されたことを表現する方法である」（『キリスト教の教え』第1巻1、1参照。彼は1〜3巻を理解の方法について、4巻で表現の方法について論じた）と説いた。しかしエラスムスは聖書解釈の内容には立ち入らず、『反野蛮人論』では、理解したことを上手に表現する手段としての良き学問と雄弁が主たる関心を占めていた。とはいえ、その後しばらくして彼は聖書解釈の問題に全精力を傾注していくことになる。

学問と敬虔　そこで次に問題となったのは学問と敬虔の関連である。それは学問が良い精神を造らない事実に発している。

（ヨドクス）わたしは、彼らが世俗の文芸と呼んでいるものとキリスト教の敬虔とは結びつかないと固く説得されている修道者と、時折、出会います。

（パトス）彼らは間違っていません。彼らには結びつきません。彼らには両方とも欠けているから。しかしヒエロニュムスやキプリアヌスやアウグスティヌスや他の多くの人の場合には結びつきました（ASD I, 1, 96, 29-97, 2）。

ここに挙げられた教父たちの教養は、キリスト教のために善用された学問のことである。したがって彼らが敬虔であるのは、学問によってではなく、知性よってでもなく、それを善用する行為によるのである。それゆえ「そのような神秘的な名称は、知識（scientia）にではなくて、行為（mores）に関係づけられなければなりません。もっと神学的に言うと、知性（intellectus）にではなく、情意（affectus）に関係しています」（ASD I, 1, 99, 19,-21）と言われる。知性に属する学識と教養は情意に属する「敬虔」「徳」「良い人」とは次元を異にしている。「学識・教養」とは「粗野」「無知」「愚か」と対立するが、「単純」（simplicitas）とは両立することができる。教養と敬虔は相反するものではないが、しかし二つのことは異なる領域に属する。

それでは古典文化の知恵はどのようにキリスト教に統合されるのであろうか。古典文化の知恵はどういう役割をもっているのか。それは世俗の知恵であって、キリスト者も異教徒も人間であるかぎり、人間として共通にもっている、人間に関して自然本性的な経験から得られる真実である。エラスムスはこの種の「知恵」を、キリスト教の教えのためのいわば薬味のように添える。これによって文章が活性化され、親密性が増大するばかりか、人間の具体的な生活の営みとキリスト教とが結びつけられる。

したがってエラスムスが古典文化から直接採り入れたのは文法、修辞学、弁証学、自然学などの良い学問と雄弁および人間的な知恵である。これらは世俗的な学問や教養であって広く人間経験からえられる学問であり、人間一般に共通する経験的真実である。彼はこれを「知識」(scientia)と呼び、プラトンが「意見」(opinio)と呼んだ主観的な思いなしから区別し、後者は取り除くべきであると主張した〔ここにはプラトンが『国家』で認識論において厳密に区別した「学知」(エピステーメー=学的認識)と憶見(ドクサ=憶測的見解)にしたがう議論が展開する〕。それゆえキリスト教の観点から古典文化は選別されて採用されるようになった。このようにキリスト教教父が実行した伝統にしたがって古典文化とキリスト教は統合され、キリスト教的人文主義となった。

終わりに

『現世の蔑視』以来、エラスムスの思考は一時も停滞しなかった。『反野蛮人論』で提起されている問題は、『現世の蔑視』とは相違した問題意識に貫かれていた。したがって先に論じた修道生活はもはや何の役割も演じておらず、その代わりに登場してきた問題は、古代の文化とキリスト教信仰との調和と統合の問題であった。この問題意識が最初生まれてきたのは、どうしてその当時真の文化が衰微するに至ったかという疑義からであった。それには当時二つの回答が寄せられていた。その一つは、キリスト教徒らがその決定的な原因である。彼らは異教徒の学問と取り組むことを恥ずべきだと感じており、単純（simplicitas）と素朴という二つの徳だけで十分であると考えた。それに対して新たに起こってきたのがもう一つの回答であって、それは学問と教養を重んじる新しい風潮であった。その結果この両者はうまく折り合わなくなる。エラスムスは言う、「宗教と教養とはもともとうまく折り合わないのだ。しかし学問（litterae）のない宗教は、すべて何か怠惰な愚かさを招く。学問に精通している人は、このことを心から嫌悪する」（ASD I, 1, 46, 7-47, 7）と。

後にエラスムスが『エンキリディオン――キリスト教戦士の手引き』で明瞭に説いたように、古典古代の教養は、キリスト的真理を理解するためのプロペドイティーク（予備学）であった。それは最高の教養というものがやはり最高の書物（聖書）にもっとも近い内容のものであると彼は確信していたからである。それでも彼は『反野蛮人論』では未だ古典古代の教養とキリスト教の統合に到達していない。

この統合に至るためには手本が必要であって、とりわけヒエロニュムスとアウグスティヌスを彼は参照にするようにと指示する。また彼は最近の神学者たちの尊大さを厳しく非難する。というのも彼らが自分たちとその仲間以外には何も認めず、自分は何でも知っていると思い込んでいるからである。したがって彼らは典型的な反アカデミーの徒であり、古代の「アカデミア派」(Academici) が「判断中止」を説いて自分の判断をむしろ差し控えようとしていたのとは正反対の態度をとっている (ASD I,1,89, 11-90,10)。

それでもエラスムスはこの統合を達成できる方法をまだ知らなかった。彼はただ「学問」(litterae) 研究の権利を主張し、スコラ神学者が学問研究を役に立たず危険だと思っている姿勢に反対したにすぎない。こうした論争の傾向が『反野蛮人論』では目立ち、エラスムスは積極的解決を何も提供していない。

しかし、わたしたちはこの著作の意義を過小評価してはならない。これはエラスムスの精神的な発展にとって一時期を画するものである。なぜなら彼はこの著作で初めて後の著作で中心テーマとなる事態をはっきり自覚したからである。その事態というのは誠実な良心の人がどのようにしたら文化的な教養人であると同時にキリスト者であることが可能かという問題なのである。

［談話室］ 古典の学習法

エラスムスは当代の最強の人文学者として古典の学習の必要を説き明かしている。彼は『学習法』を書いて、小著ながら人文学の学び方を熱心に教えた。その冒頭で一般的にいって、知識には二通りあって、事物の知識と言葉の知識があると言う。言葉の知識は最初に学ぶべきもので、事物の知識は最も重要なものです。事物といっても言葉に記されて初めて理解されるものなので、先ずは言葉の意味を学んでおかないと事物に判断を下すことができなくなる。しかし「言葉も事物も、初めから最良の教師について最良のことを学ばねばなりません」と強調する。それゆえ何よりもまず、古典期ギリシア人著作家という源泉に遡って学ぶように勧告する。彼は言う、「哲学の最良の師はプラトンとアリストテレス、そして後者の弟子のテオフラストス、さらにこの両派を兼ねたプロティノスであります。神学の師は何をおいてもまず聖書、これに次いではオリゲネスが最も優秀で、クリュソストモスが最も精妙かつ優美で、バシレイオスが最も敬虔であります。ラテン教父に関して少なくとも二人、寓意解釈に驚嘆すべき手際を示したアンブロシウスと聖書に深く傾注したヒエロニュムスです」と。また詩ではもちろんオウィディウスの『変身物語』や『祭事暦』を彼は推薦する。

この段階から、わたしたちが注目したいのは、何らかの主題を立てて、小作文の訓練をすることである。子ども心にもそれに取りつきやすいように短い命題をおぼえることから始め、それに没頭することで、文章の訓練を開始するように勧める。たとえば次のような命題で訓練してもよい。「嘆願を重ねて手に入れたものほど高くつくものはない」、「愛想がよいと友人ができるが、真実を述べると憎悪が生じる」、「遠く離れて住む友人は友人にあらず」、「ポリプの生態は驚くほど巧みで、下の地面にあわせて体の色を変化させるので、漁師の目をあざむく」などです。生徒たちは更に進んで言葉の文彩や詩の韻律など修辞学の要諦を学ばねばならない。ここから生徒たちは、もう一歩進んだ作文の練習もすべきです。この主題を選んだり解説したりするためには、教師は才能と知識が求められるわけで、自分が劣っていると自覚したら――ごくごく並みの才能しかないと考えている場合も同じで――自分よりすぐれた教師から、ためらわずその秘訣を伝授してもらってください。ここから彼は修辞学の必要を説き進める。

このような学習法の勧めを読むと、大学で学生たちが試験の代わりにレポートを提出するように求められることに意味があることになる。もちろんその前に書く習慣と作文力を養っておかねばならない。話すことはできても書くことができないと、とんだ陥穽にはまることになる。

3 『格言集』の意義

ヨーロッパ人の生活の中には古典の叡智が格言というかたちで活かされている。格言は英語でマクシムとも言われているが、この語はラテン語の「もっとも重要なもの」に由来する。それゆえ格言は「もっとも重要な生き方」つまり「格率」を示しており、使われる国々や各人の文化的特徴をよく表明している。

格言を収集した作品が16世紀ルネサンス時代に多く出版された。その最大の規模のものは人文主義の王者と言われるエラスムスが青年時代に収集し始めた『格言集』(Adagia) である。この書は１５００年に初版が出たが、版を重ねるごとに分厚くなり、最終版では４１５１個の格言が収録された(わたし自身はその最終版に属する１６１７年にハノーバーで出版された版を所有している。それはとても古くなっていても出版されたときは子牛革製の美装本であった)。

当時の人々はこのような格言を口にすることによってギリシア・ローマの古典および聖書の神

髄を身につけることができると信じた。そのため大変よく読まれたようである。この作品ではギリシア語とラテン語という古典語の格言があげられているだけでなく、エラスムスは人文主義者らしく多数の文献を渉猟しながら、それぞれの格言がどのような意味で用いられてきたかを説明し、なかにはとても詳細な解説を加えて紹介したものもある。そのなかでも最大な作品は、彼の平和論が説かれた「戦争はそれを経験しない者によって好まれる」がある。また次に長いものには「アルキビアデスのシレノス像」という格言があって、これはプラトンの『饗宴』から取材した将軍アルキビアデスの言葉であって、ソクラテスの外見は野獣面のシレノス神のように醜いが、その体内には黄金の神像が宿っているという、人間の内面と外面との矛盾を示す修辞学的な表現なのである。これがエラスムスの手法として『痴愚神礼讃』で使われたので、この書を解釈するのに鍵となる重要な格言となった。それに劣らず有名なのは「ゆっくり急げ」(festena lente) という格言であって、『格言集』の中でももっとも人口に膾炙されたものと言えよう。これは「仕事に早く着手し、時間をかけて学びなさい」という意味であるが、たとえばケーベル博士（明治26年来日し東大で哲学を講じた）の随筆集にはこの格言がよく使われており、彼はつねにこの訓言を日本の学生に座右の銘として与えた。

『格言集』が書かれた事情

ここでは、エラスムスがこの『格言集』を執筆するに至った事情と、その第2版に付けられた「序言」から彼の格言についての考えを紹介しておきたい。

エラスムスは１４９８年11月にはモンジョイ侯、ウィリアム・ブラウント（1478-1534）の家庭教師をも務めるようになっていた。この人はイギリスへの帰国に際し、エラスムスを自らの随行員に加えた。この最初の短いイングランド滞在中になされたモンジョイ侯との会話の折りに、エラスムスは『格言集』を初めて考案するようになった。最初の版は、１５００年パリから、モンジョイ侯にこの作品を献じる旨の前置きの手紙を付して出版された。これは『格言選集』（adagiorum collectanea）と呼ばれ、ギリシア語（ラテン訳の付いた）、ラテン語の８１８にもなる格言を収めていた。わずかに152頁に過ぎなかったこの作品は時の経過にともに版を重ね、その内容は豊かなものとなった。この作品には彼の人文学の成果が盛られていたので、彼の人文学における中心的な作品となった。それはギリシア語新約聖書の校訂本がキリスト教世界に与えたのと同じくらい大きな影響を発揮するようになった。

モンジョイ侯に献じた手紙の中で述べられたことを参照すると、エラスムスが発熱のために秘書の務めを休まざるをえなかったとき、この作品は作成された。彼は言う、「古典文学作品から成る庭園を散歩しながら、そうした軽い研究に心を奪われ、あたかも様々な色合いの小さな花を摘んで花輪を作り上げるかのように、最も古くからあった有名な格言をありったけつみあげた」ときに一冊の本となった、と。その広告文には「デジデリウス・エラスムス・ロッテルダムスによって編まれた、古くて、最も有名な格言の選集、あらゆる話や文章に美しさと非凡さをつけ加えるのに効果てきめんで、その上新しい作品」と宣伝されている（エラスムスとモンジョイ侯との関係についてはマッコニカ『エラスムス』高柳・河口訳、教文館、54－56頁参照）。

この著作は格言と、それに詳しい解説が付けられた部分とからなり、ここから人々が好んで引用したり、あるいは盗作することによって多くの業績が開花するようになった。1508年にこの作品は、収録数が、3260にもなり、有名なヴェネツィアのアルドゥスによって『格言集』（増補版）の美装本として出版され、ヨーロッパ中の人文主義者たちが見習う作品となった。さらに1515年のフローベン版になると収録された格言が古代世界でどのように理解され、使用されたかの解説が付けられるに及んで、いっそう大きな作品となっていった。この作業は1536年版に至るまで続けられ、その間に6版も改訂がなされ、エラスムスが亡くなるこの年には格言の数は4151にも達していた。

格言とは何か

エラスムスは『格言集』の「序文」を「格言とは何か」という小見出しで始めている。最初に「格言とは、諸々の事柄やその時代を反映した発言である」というラテン語の文法家ドナートゥスの説を引用してから、続けて彼はディオメデスに言及する。それによると「格言とは、諸々の事柄やその時代に適用された一般的によく言われていることを述べているが、その際、そこで言われていることとは何か別の事が意味されている」(Opera Omnia Desiderii Erasmi Roterodami, II-1, 45,5-7.)。それゆえ、格言には字義的な意味とともに比喩的表現をとった何か隠喩的な変装が盛り込まれ、日常生活に有益となる金言的にして教訓的な内容を含んでいる。そこでエラスムスは言う、「大部分の格言には、ある種の隠喩的な変装が施されていることをわたしは否定しようとは思わない。そして最高の格言というものは、転義的な文飾で楽しませるのと同じく見解の有益さで役立つものであるとわたしは告白する」(Erasmus, op. cit., 46, 39-40.)と。こうして彼は格言を次のように定義する。「格言とは一般に民衆の間で使われている言表であって、鋭くも奇抜な〔意味の」転換のゆえに注目すべきものである」(op. cit., 46, 44-45.) と。したがって、格言にはそれが直接意味していることを超えたものとして暗示しうるがゆえに、格言にはどことなく超自然的な力が秘められている。それらはアリストテレスやプラトンから、プルタルコスや様々な詩人たちを経て、キリストに至る古代の偉人たちによって大いに尊重されてきたかが強調され、古代の人々の示した知恵と民族の経験がそこに保存されている点が力説される。このシンボルには古代人のすべての哲学が含まれており、昔はとても尊重されたので、人々に由来するよりも天から降ってきたように思われた。たとえば、ユウェナリス (Decimus Junius Juvenalis, 60 - 128) は、『汝自身を知れ』という言い習わしは天空から降ってきたと言っている。

このような格言のもつ知恵についてエラスムスは「アリストテレスは、格言とは人類の歴史における災害によって滅びた最古の哲学の名残りである、と考えていた」というシュネシオス (Synesios, ca370 - ca413) の意見を参照し、格言は綿密に、深く、掘りさげて考察すべきであると言う。「なぜなら、その根底には、後の哲学者たちよりも真理を探求する点で、はるかに明敏で、洞察された、古代の人々の哲学の輝きというべきものがあるから。またプルタルコスも、『詩学の学び方』と呼ばれるエッセイで古代人の格言は、とても重要で、神聖でさえある事柄が、ささいな、しかもほとんど滑稽な性質の儀式の中で表現される、宗教的な儀式によく似ていると考えている」(op. cit., 60, 278-283.)。そして格言は、それ自体簡潔ではあるが、哲学の大家たちが何巻にも及ぶ大著の中で主張しているようなことを比喩を用いてさらっと仄めかすと言う。またそこには古典文学の知恵とキリスト教の教えが一致するという願望が『格言集』全編から感じとられる。この点は格言集の冒頭を飾る「友達の間では、すべてのことが共有される」という格言の解説を見ても明らかに感じられる。この格言はピュタゴラスに発していても、キリスト教の精神をも表明しているからである。

『格言集』は当時の古典復興の気運に乗じて多く賛同者を得ることになった。このように人々を導いたのは、彼が古典的な言語と明瞭な表現を愛し、古典的な文体を駆使しており、古代的人間の叡知が彼の言葉を通して再生し、その叡智が輝き出ていたからではなかろうか。そこには精神の新しい自由、知識の新しい明瞭性・純粋性・単純性が認められ、合理的にして健康な生き方が輝き出ていた。この作品を通して語りかけている精神は、哲学的でも歴史的でもなくて、言葉のもっとも優れた意味で人文学的である。とくに彼が古代に深い共感を示したのは、生活と実践がそこに説かれているという倫理的確信からであった。このような知識によって人文学の教養が習得できると当時期待されたのも当然である。そうはいっても格言を説明した文章はほとんどが断片的であって、長い解説が付いているものほど彼のキリスト教精神を反映しており、『痴愚神礼讃』で結実する古典文化とキリスト教との調和を力説する傾向が次第に強くなってきているといえよう。

そこでエラスムスが格言集で実際にどのように語ったかを最も有名な格言をあげて参考までに紹介しておきたい。それは「汝自身を知れ」という格言の解説に驚くべき多数の解釈を、しかも古典時代の見事なラテン語でもって叙述する。

格言「汝自身を知れ」（Nosce teipsum）

知者たちのすべての発言の中でももっとも有名になった三つの格言〔三つの格言とは「汝自身を知れ」（I, 6, 95）「過ぎたるはなお及ばざるごとし」（I, 6, 96）「貸しは憂慮をもたらす」（I, 6, 97）を指す〕はこの人生知に所属している。この格言はプラトンが『カルミデス』の中で証言しているように（プラトン『カルミデス』164d ff.）、デルポイ神殿の扉に神にふさわしい格言としてギリシア都市同盟の代議員たちによって刻まれたようにまさしく思われる。

三つの格言の第一は「汝自身を知れ」である。そこでは慎み深さと中庸とが推奨されている。それはわたしたちが大きすぎるものや、無価値なものを追求しないためである。なぜなら、ここからすべての人の生活にとって疫病が発生し、各人が思い違いをし、自己愛の悪徳にゆえに不当な仕方で、他人に対しては不当にも否認したものを、自分に帰さないためである。

キケロはその友クイントゥスに宛てた手紙の第三巻で言う、「あの有名な〈汝自身を知れ〉という格言は、傲慢を抑えるためにだけ言われたと考えてはならない。それはまたわたしたちが自分の長所を知るようになるためである」（キケロ「クイントゥス宛の手紙」断片3, 5, 7.）と。格言的な文章の中には次のような六行詩が伝承されている。「汝自身を知れというのは、どんな場合でも役に立つ」。

ノニウス・マルケルスは「汝自身を知れ」という表題のワァロの諷刺文から引用する（ヴァロ「断片」199)。

オヴイディウスは『恋の手ほどき』にはこうある。「各人に自身を知るように命じるこの有名な碑文は世界中に広められている」（オウィディウス『恋の手ほどき』II, 449ff.)。

ユウェナーリスには「汝自身を知れという銘は天から降ってきた」（ユウェナーリス『諷刺詩』11, 27.）とある。

オウィディウスはこの銘の作者がピュタゴラスであると述べている。プラトンの著作に登場するソクラテスはアポロンに発すると考える。パイドロスの中でプラトンは「わたしは未だデルフォイの碑文にしたがって自分自身を認識できない」(プラトン『パイドロス』229e.)と言う。ある人はこの格言も大洋のようなホメロスから借用されたと判断する。なぜならホメロスでは他のすべてに攻撃をしかけるヘクトールが、アイアスを自分に優る者として認識して避けていたから。たとえば詩人は次のように言う。

「テラモンの息子アイアスと交戦するのを彼は避ける」(ホメロス『イリアス』XI, 542.)と。

ディオゲネスはこの格言をタレスに帰している。それを『哲学者列伝』の中でアンティステネスは巫女フェモノエのものとみなすが、その他ではチロンが盗用したと言う(ディオゲネス『列伝』I, 40.)。

だがクレスは尋ねている。「〈何が難しいのか〉それは〈汝自身を知ること〉、〈何がやさしいか〉それは〈他人に忠告すること〉である」(ディオゲネス『列伝』I, 36.)と。

マクロビクスは『スキピオの夢』の注釈第一巻の中で、「どの道を通って幸福に到達できるのか」とデルフォイの神託に助言を求めた人ついて、その人が「もしもあなたが自分自身を知っているならば」という仕方で答えられた次第を物語っている(マクロビウス『スキピオの夢』I, 9, 2.)。

だがその神託はクセノフォンが『キュロス王の教育』で報告しているように、クロエススにも与えられた（クセノフォン『キュロス王の教育』VII, 2, 20.）。ギリシア語の格言集がアンティパネスから次の六詩脚を引用している。

「優れた人よ、もしあなたが死すべき人であるなら、あなたは人にふさわしいことを考えて行動しなさい」（アンティパネス「断片」289）。

同様にピンダロスの同じ原則「死すべきものは死すべき者にふさわしい」を表現した（ピンダロス「イストミア」5, 16）。デモナックスはいつ哲学することを始めたのかと問われたとき、「自分自身を知り始めた後に」（Stob. floril. 21, 8）と答えている。ソクラテスはアポロンの神託によって、ギリシアには多くの知者たちがいたのに、彼だけが知者であると判断されたことを、次のように解釈した。すなわち他の知者たちは知らないことを自分は知っていると公言していたのに対し、彼はまさにそのことさえも知らないことを知っており、この一事のみを知っていると公言する点で彼らを打ち負かした、と（プラトン『ソクラテスの弁明』21d；ディオゲネス『列伝』II, 37参照）。その他ではアナクサルコス（アナクサルコスはギリシア懐疑主義の先駆者で、哲学者ピロンやカルネアデスの祖であった）はこのソクラテスの慎み深さを凌駕していた。そのわけを彼は、何も知っていないことさえも知らないからだと説明した（ディオゲネス『列伝』IX, 58.）。

喜劇作家のメナンドロスにはある登場人物をしてこの万人にもてはやされた格言を修正させている。

「この汝自身を知れという格言は、多くの点で誤っていると思われる。他の人たちを知れと言うほうがもっと役立っていたであろう」（メナンドロス『断片』203）。

（「格言集」I, 6, 95、金子晴勇訳『エラスムスの格言選集』知泉書館、２０１５年、70–73頁）

このエラスムスの解説を読む人は彼の教養が計り知れないほど豊かであることに驚嘆せざるをえないであろう。山をなすような参照文献の数が見事なほどに積み上げられているばかりか、この格言がどのように理解すべきかも徹底して論じている。しかし、この格言が実際に実現すべく試みられるとしたら、わたしたちはとうてい生きていけなくなるであろう。つまり、自己を知った人は、オヴィディウスが『変身物語』のなかで描いたナルキッソスのように、自死せざるを得ないであろう。

格言『戦争は体験しない者に快い』

わたしたちは終わりに1515年の『格言集』に新しく加えられた有名「戦争は体験しない者にこそ快し」（Dulce bellum inexpertis）という格言に注目し、彼の平和論に耳を傾けてみたい。これは短い格言に関してかなり詳しく論じた大論文で、しばしば別冊の形でも出版され、ヨーロッパの各国語にも翻訳された。この格言の影響は多くの書物の中で引用されたのが見られる。たとえばウェゲティウスは『戦争論』の第3書第14章で、「いくら戦意に燃えているからといって、新兵にはあまり信頼を寄せてはならない、戦いは、体験しない者にとってのみ快いにすぎないのだから」と述べている。さらにピンダロスから、「戦争は、体験しない者には快かろうが、誰でも実際に体験したことのある者なら、戦雲がたちこめると怖気をふるう」という文章を引用することもできる。

エラスムスによると人間の数ある営みには、自分で実地に経験してみないと、どれほどの不幸や災厄をもたらすか知れないのをよく理解できないものがある。たとえばホラティウスは「重要な地位の人との友達づきあいは、まだしたことのない人には羨ましくも思われようが、一度調べてみたまえ、身の毛がよだって尻込みするに違いない」（ホラティウス、書簡詩Ⅰ・18・86‐87）と言っている。その他でも、「若い娘に恋慕するのは、甘くかぐわしいことかも知れない。しかしそれは、恋がどれほど苦いかまだ嘗《な》めたことがない者にとっての話だ。危難や不幸をもたらすに決まっているほかの多くの営みについて、なべて同じ筆法で論じることができるのであり、諸事にわたって経験の乏しい若者たち以外には、誰ひとりとしてこうした事柄に手を染めようとはしない」（エラスムス『戦争は体験しない者にこそ快し』月村辰雄訳、「人類の知的遺産23：『エラスムス』」講談社、291頁）。実際、数多ある営みのうち何かひとつ、ぜひ心ゆくまで遅疑し逡巡してから企ててほしいものを掲げるとするなら、それは無論のこと戦争である。「この戦争以上に残忍で、人に惨禍をもたらし、世にいぎたなくもはびこり、剣呑《けんのん》至極、極悪非道の営みは、つまりキリスト教徒はもとより、誰であれ人間には似つかわしくない行いは、ほかに何ひとつとして存在しない」（前掲訳書、292頁）。ところが今日では、至るところでいとも気やすく、勝手に口実に設けて、残酷で野蛮な戦争がなされている。しかも異教徒だけでなく、「キリスト教徒までもが、俗人のみならず司祭や司教までもが、戦争を知らぬ若者のみならず幾多の難儀を経た老人までもが、また、その生れからして付和雷同の性を余儀なくされる卑賤な民衆のみならず、その民衆の愚かで思慮のたらぬ軽挙妄動を知恵と理性をもって鎮静するのが務めであるべき王公までもが、好んでこの戦争をおこなっている」（前掲訳書、292頁）と観察する。

そこで彼は人間学的な発想にもとづいてこの傾向に反撃を加えはじめる。そこには『平和の訴え』と同じ平和思想が展開する。彼はまず人間の身体的な特質について考察し、自然あるいは神が、わたしたちをこうした姿にお造りになったのは、刃ではなく友情をかわすため、殺し合いではなく助け合いのため、不正ではなく善行を施すためであると説く。つまり神は動物にはそれぞれ武器を与えた。牡牛には角を、ライオンには爪を、猪には牙を、象は分厚い皮膚と図抜けた体躯と長い鼻とを、それぞれ与えた。なかには鳩のように身のこなしを素早くさせて安全を配慮なさったり、反撃するための猛毒の手配までしてくださった動物もいる。

ところが、ただひとり人間だけは、弱く、やさしく、武器を持たず、肉はやわらかく皮膚はなめらかに、何ひとつ覆うものもない裸の姿のままにお造りになった。ほかの動物の場合とはうってかわって、と私は敢えて強調しておきたいのだが、実際、人間の四肢のうちにはどこにも、たとえ仮そめにせよ、争いごとや暴力沙汰の用を便じるように見える部分は存在しないではないか。……それゆえ、人間とはこの地上でただ一種、たがいに助け合えばますますたがいに離れがたくなる、というあの友愛の実現のために生を享ける動物ではないかと思われる（前掲訳書、294頁）。

しかも「自然」は、人々が何ひとつ暴力には訴えなくてもすむように、人間に対してだけ、言葉と理性という手段をお恵みくださり、孤独を嫌い仲間を好むという性向をお備えくださった。実際、友人よりも心地よい存在はないし、友人ほど不可欠の存在もない。だから人間の心持ちを棄て去って、身を野獣の境涯に貶めないかぎり、仲間がいなければわたしたちは何ひとつ喜びを感じられない。

ところが現実はどうであろうか。人間の実際の姿は獣以下である。ライオン、豹、狼、虎などでさえ、戦っても自分たち同士では牙をむかない。「犬は犬の肉を喰わないものだ。ライオンもライオンを相手には飛びかからぬものだ。蛇もまた仲間の蛇とは平和に暮してゆくものだ。猛毒の獣同士といえども仲よくやっている。しかるに人間に相対しては、いかに獰猛な獣でも色を失う。人間にとって、人間以上に剣呑な代物はありえないのである」（前掲訳書、299頁）。戦いのありさまを見ても、動物は戦っても、自分の体を生得の武器として戦うだけなのに、人間は人間に危害を加えるさいには、自然の理法に反して、悪魔の知恵に発する術策を弄する。

その終わりのところでエラスムスはトルコ人に対する戦争にも言及する（前掲訳書、337頁以下）。

トルコ人が1520年代の後半に西方に進出してくるまで、トルコ人に対する戦争は、想像力を使ってお喋りするのは当時好まれた気晴らしの素材であった。エラスムスはそれに疑惑の目を向けた。彼の考えによると、問題はキリスト教徒の帝国主義であり、かの地の住民の大部分がキリスト教徒であるか、あるいは半ばキリスト教徒であるということが考慮されていないという。だからドミニコ会士やフランシスコ会士に彼らを改宗させるべきであると主張し、エラスムスは戦争を思い止まるよう厳しく勧告する。戦争というようなやり方で身を守らなければならないのなら、キリスト教の立場はなくなってしまう。この連関でエラスムスは、キリスト教徒と非キリスト教徒の境界が曖昧になってしまうような、注目すべき所見を述べている。「私たちがトルコ人と呼んでいる人々の大部分は、半ばキリスト教徒と称してもよく、あるいはむしろ、わたしたちの大部分以上に、真の意味でのキリスト教のそば近くに位置するかも知れない」（前掲訳書、340頁）と。境界は両側から越えられている。ここで重要な役割を担っているのは全世界における人類の一致である。ルネサンス期には、このような考え方にわたしたちは繰り返し出会う。つまり世界は互いに関係のない個々人から構成されているのではないという確信があった。

〔談話室〕　ヨーロッパの格言

この章の始めに「格言」が言語学的に「格率」から派生していると語りましたが、この格率というのはカントの倫理学では「個人的な行動の仕方」を指しており、これが道徳法則と一致するときに善い行為が成り立つと考えられています。そこでわたしは若いときにこの「個人的な行動の仕方」として、「他人の悪口を言わない」とか「自分から友人をテニスに誘わない」を決めて、日々実行したことがありました。他人の悪口を言うとこれは、人々に伝わりやすく、一巡してその人に伝わってしまい、そのため憎しみを買ってしまうからです。友人をテニスに誘わないというのは、わたしの若い頃はテニスがとても人気があって、遂にこれにのめり込んで、友人もわたしも大切な研究の時間を奪われてしまうからです。しかしこのようなものが道徳法則と一致するとはとても考えられませんでした。そこで個人的な行動の仕方のなかで、多くの人に少しでも見習うことができるものが「格言」として一般に通用するようになったと思われます。

最近ある友人と会って話したとき、わたしからその友人は「持続は力なり」という言葉を教わったと話して、わたしを驚かせました。わたしのほうはそんな言葉を言った覚えはないからです。しかし、これはわたしの格言として自分にも通用してきたことを認めざるをえませんでした。行動の仕方から「格言」ができる一つの例といえるかもしれません。そこでつい最近わたしの本に著名を求められたとき、名前だけでは寂しいので、一言、何か書いてくださいと言われました。そのとき友人に言われた例の「持続は力なり」と記すことにしました。

また若いときにルターやアウグスティヌスの全集を前にして絶望したことがありました。どうしてこのように巨大な山に登ったら良いのか、その当時には見当も付きませんでした。そこで採用した方法というのは、一頁を拡大コピーして、しかもそれを4分の1に分け、僅かな文章をA5判の紙に貼り付け、それだけ見て翻訳を開始することにしました。そして心に誓ったことは「千里の道も一歩から」という格言でした。同じことはヨーロッパの格言では「ローマは一日にしてはならず」と言われます。これでやっと「持続は力なり」を実行に移すならば、きっと登坂に成功するだろうと考えたのでした。

一般的にいってヨーロッパの格言はギリシア・ローマの詩人の作品から採用したものが多く見受けられる。わたしが三年前に入手したローマの大詩人ホラティウスの全集版はポケット版のきわめて小型の書物であったが、ラテン語の文法を教えているとき、ここから練習問題が多数引用されているのに気づいた。これらの格言が余りに内容が優れているので学生に暗記してもらったが、その中にはたとえばこんなものがある。(1)「黄金の中庸」、(2)「貪欲な人はいつも不足している」、(3)「遊びは混乱や争いや怒りを生む」、(4)「多くの労苦なしには生命は死すべきものに何ものも授けない」、(5)「煩わしさを離れて祖国の土地を自分の牛で耕す人は幸いである」。この中で(1)は『論語』にある「過ぎたるはなお及ばざるごとし」と同じで、アリストテレス以来行動の原則とみなされている。(5)は引退した老人が掲げる理想である「晴耕雨読」と同じ内容である。

わたしは学生のときからケーベル博士（明治26年来日し東大で哲学を講じた）の随筆集を愛読してきたが、彼は日本の学生に「ゆっくり急げ」（Festena lente）を訓言として常に与えた。これは「仕事に早く着手し、時間をかけて学びなさい」という意味である。

4　『エンキリディオン』の研究

16世紀の初頭にエラスムスの名を高からしめた『格言集』(Adagiorum Collectanea)の大著がパリのジャン・フィリップ書店より上梓された。この書は当時の社会にとってきわめて大きな影響を与えた点で特筆すべきものであった。そこには最初818のギリシア語とラテン語の格言が解説付きで集められており、ルネサンス時代の人々はこれによって教養が深まると信じてこの書を歓迎した。事実、この著作によって古典的教養はヨーロッパ社会に広まったとしても、エラスムスの願っていたキリスト教的な敬虔はいまだ表明されていなかった。だが、続いて出版された『エンキリディオン』によってこの願いは達成され、ギリシア・ラテンの古典的教養とキリスト教の敬虔との統合が見事に実現し、初期エラスムスの思想の全体像が示されるにいたった。

『エンキリディオン』の成立と構成

1501年パリにペストが流行したため、エラスムスはブリュッセルに行き、各地を回った末、『反野蛮人論』にも登場している友人バットの家に落着いた。バットは、コンスタンツの司教座聖堂付参事会員ヨハン・ボッツハイム宛ての1523年の手紙によると、城主の息子の家庭教師をしていたが、トゥルヌェムにエラスムスとバットとの共通の知人がいて、エラスムスを除く神学者を嫌っており、女性にだらしなく、妻にはむごい人であった。この「ぜいたくで放蕩と姦通に埋もれた人」(Opus epistolarum Des.Erasmi Roterodami denuo recognitum et actum per P.S.Allen, I, 20,2ff.)によって苦しめられた妻から、バットはどうかエラスムスに働きかけて、夫の良心を覚醒し、立ち直らせてくれるように懇願された。それに応えてエラスムスは小冊子を書いて、その役に立つように計った。

『エンキリディオン』(正式には『キリスト教戦士の手引き《エンキリディオン》』、1504年)の全体は39章から成り、二部に大別される。第1部(1章から8章)はキリスト教的戦士の自己認識が人間学的基礎から論じられ、第2部(9章から39章)はキリスト教戦士の実戦上の教則が22か条にわたって論じられた。

第1部では第1章の短い「挨拶のことば」に続いて次のような問題が論じられた。まず人生では敵と戦うためには武器が必要であり、そのためには自己認識が重要であって、この点が人間学的二分法とキリスト教的な三分法の導入となった。これによってキリスト教人間学の基礎が解明された。

第2部では第9章の「真のキリスト者の一般的教則」の導入部に続いて、第10章から第32章にわたって22の教則をあげてキリスト者の生き方が説かれた。この22の教則に続いて特殊な悪徳、つまり「好色」、「貪欲」、「名誉心」、「怒りと復讐欲」に対する方策が論じられた。

エラスムスの中心思想は第5教則に求めることができる。これに対する反論が後に行われるようになり、次の三点が問題点としてあげられた。（1）宗教の外的な形態を価値の低いものと判定するのは適切ではない。（2）儀式を低く評価するようになると、その結果善いわざを退けざるをえなくなり、ルターに接近することになる。（3）エラスムスによって攻撃された修道誓願の価値を弁護すべきである。このような批判は宗教の外的形式を軽視していることに向けられた。エラスムスが行ったように宗教本来のものを追究することが批判者たちには宗教の核心を破壊するものと感じられた（Cornelis Augustijn, Erasmus His Life, Works, and Influence, 1991, p.45f. 参照）。

思想の全体像と意義

エラスムスは『エンキリディオン』のなかで自己の思想の全体像を初めてまとまった仕方で提

示した。著述の動機は自堕落な人間を更生させる実践的で道徳的な教えを伝えることであった。だが、この著作には彼自身の思想がかなり明瞭に説かれており、その基本姿勢はその後も変化していない。その意味で「『エンキリディオン』を理解する人は、エラスムスを知っている」(A.Auer, Die vollkommene Frömmigkeit des Christen nach dem Enchiridion militis Christiani des Erasmus von Rotterdam,1954, S. 53.) とも言われる。というのもこの書物のような学問的にも真剣に取り組んでいる著作によって彼の根本思想は理解すべきであって、その後に『対話集』や『痴愚神礼讃』などの文学作品に向かうと、皮肉や風刺のなかにも、浅薄で皮相的なルネサンス的世界享受ではない、彼の独自な思想世界へとわたしたちは導かれるからである。この著作の冒頭には次の言葉が記されている。

主にあって敬愛する兄弟よ、あなたは大変熱心に、あなたがその教えによってキリストにふさわしい精神へ到達することができるような、いわば生活の簡潔な方法をわたしがあなたに教示するよう切望なさいました (『エラスムス神学著作集』金子晴勇訳、教文館、2016年、11頁)。

ここにこの著作の内容と目的が明らかに語られている。つまり「いわば生活の簡潔な方法」とあるような実践的指針を示すことが求められており、具体的には22の教則の提示となった。また、その教則の目的は「キリストにふさわしい精神へ到達すること」である。ここに実践的であって同時にキリスト中心の神学を確立することがエラスムスの著述の目的であることが分かる。

そこで彼がキリスト者の武器として「祈りと〔聖書の〕知識」をあげている、有名な主張から考察を始めよう。「それ（二つの武器）は祈りと〔聖書の〕知識です。たえず祈るように命じているパウロはわたしたちが不断に武装していることを願っています。清純な祈りは、敵が決して近づき得ない城塞のように天上に向かってわたしたちの心情を高く引きあげます。知識のほうは救いに役立つ意見でもって知性を強固にします。こうして二つともそれぞれ他の方のために欠けてはなりません」（前掲訳書、22―23頁）。

この主張は『エンキリディオン』の第五教則でもう一度くり返し説かれているように重要である。この武器を携行した戦士の姿は16世紀のキリスト教騎士像と重なっている。たとえばデューラーの「騎士と死と悪魔」を想起すればおのずと明らかである。エラスムスが「人間の生活は……ヨブが証人となっているように、不断の戦闘以外のなにものでもない」（前掲訳書、12頁）と言い、その戦いを交える相手が悪魔であると述べているところに、デューラーの絵と等しい構図が認められる。「見たまえ、邪悪きわまる悪魔どもがあなたを破滅させようとして上から絶えず見張って警戒しているのを。彼らは多くのたくらみをもって、また千もの破壊の技術でもってわたしたちに対して武装している」（同）。悪魔が武装しているのであるから、騎士の方も同じく武装していなければならない。その際、「祈りはもっと力強く、神と対話するようになるほどです」（前掲訳書、23頁）とあるように、祈りによって神との霊的交わりに入れるが、それが許されているのは「キリストの恩恵によって更新された生命の恩義」による（前掲訳書、14頁）。だからキリスト教の戦士は洗礼の至聖なる儀式によって締結した約定を結び、「指導者キリストの麾下に編入される」（同）。それゆえ戦士の現実は「あなたは〔キリストの〕からだのなかにあり、そのかしらによってすべてをなしうるということにのみ注目しなさい。あなた自身においてはあなたは確かに余りに弱すぎますが、かしらなるキリストのもとであなたのできないことはありません」（前掲訳書、21頁）と言われる。

次にもう一つの武器「知識」は何を具体的内容としているのであろうか。「知識はイエスの名前によってあなたが救いに役立つものを熱望するように、明らかに示します」（前掲訳書、23頁）とあるように、それは魂の救済についての知識、したがって聖書の知識が考えられている。神の言葉は魂の糧である。それは神的精神の深みから到来する神託である。

もしあなたが宗教的信仰をもって、尊敬と謙虚さをいだいて、それらに近づくなら、あなたは神霊の息吹を受けて満たされ、〔神の法へ〕拉し去られ、表現しがたい仕方で改造されるのをあなたは感じるでしょう（前掲訳書、28―29頁）。

このような武器をもってキリスト教の戦士は戦うのであるが、戦いを困難にしているものとして身体を担っているという事実、つまり人間の身体的な基礎条件がある。エラスムスは言う、「わたしたちがこの身体の部署に就いて戦っているかぎり、極度の嫌悪感と総力をあげて悪徳に戦いをいどまないなら、神との平和を結ぶ他の条件は全くない」（前掲訳書、14頁）と。とはいえ身体だけではなく、人間の不滅の部分である魂も、悪魔の攻撃を受け、身体と同じく地獄に突き落とされる。「あそこ〔の地上の戦い〕では勝者の剣が身体から魂を引きはなすという最悪の災いがありますが、ここ〔での戦い〕では魂自体からその生命なる神が奪い取られるのです」（前掲訳書、17頁）。

さて、このような戦いを遂行するにあたって、何よりも自己自身についての認識が不可欠である。キリストの援助を受けて戦うにしても、戦う相手を十分によく知らなければならない。その相手はもはや悪魔や死という外から迫りくる力ではなく、自己の内なる悪魔にほかならない。「汝自身を知れ」というギリシア悲劇時代の箴言は古来知恵の主眼点として立てられているが、これによって戦いの相手は自己自身であることが自覚される。「まさに自分自身の内奥から敵の戦列がわたしたちに向かって立ちあがってきます」（前掲訳書、39頁）。ここから要請される「汝自身を知れ」という格言にしたがって人間学的自己省察に入ってゆく。この格言は人間がその霊において神的であるから、神と等しいものとなるように努力しなければならないと教えるために立てられた。古代の人々はこれがあらゆる知恵の総体であると信じていた。その際、エラスムスは身体と魂という人間学的区分法の問題を積極的にとりあげて論じた。

人間学の確立——二分法と三分法による

エラスムスの人間学の全体像は『エンキリディオン』第5章「内的人間と外的人間について」の冒頭で語られる、魂と身体の人間学的二区分の問題として考察し、次いで三区分法における理性と霊性の問題を考察してみたい。

心身の二区分の問題

エラスムスは人間学的二区分の問題について次のように簡潔にわかりやすく述べる。

人間は二つあるいは三つのひじょうに相違した部分から合成された、ある種の驚くべき動物です。つまり一種の神性のごとき魂と、あたかも物いわぬ獣とからできています。もし身体についていうなら、わたしたちは他の動物の種類にまさるものではなく、むしろそのすべての賜物においてそれに劣っています。しかし魂の面ではわたしたちは神性にあずかるものであり、天使の心さえも超えて高まり、神と一つになることができるのです。もしあなたに身体が与えられていなかったとしたら、あなたは神のような存在であったでしょうし、もし精神が付与されていなかったとしたら、あなたは獣であったことでしょう（前掲訳書、40頁）。

ここにエラスムスの人間像の全体が「魂と身体」という人間学的二区分法によって明瞭に示される。彼は人間の自然本性をまず神の創造に即して考察し、次いで人間の罪によって創造の秩序が破壊されて、実存的窮地に陥っている有様を描く。ところで創造者は人間の魂と身体とが調和するように人間を造った。したがって神性を帯びた魂のみが人間の本質であって、身体は墓のように魂を閉じ込め疎外させているという、プラトンがオルペウス教から受容した思想をエラスムスは受け入れない。むしろ身体《ソーマ》・墓《セーマ》学説はきっぱりと否定される（前掲訳書、19頁）。

人間は元来「魂と身体」(anima et corpus) から二元的に構成されており、もし身体がなかったら神のようになり、人間ではなくなってしまう。したがって身体をもった人間が魂によって神と一つになるよう超越することこそ人間の本来的目的なのである。この超越によって心身の調和が保たれるようになる。しかし身体はもともと動物的であるため魂と至福な調和状態を保つことがむずかしいので、そのために人間の在り方にはどうしても自己矛盾や不安定さが現れてくる。しかし、このような問題や対立を起こしながらも、魂と身体とはそれぞれ役割が異なっていても、何らかの統合を保っている。つまり、人間は身体によって現世の事柄に関わり、魂を通して天上的な不滅なるものを愛し、探求する。このように役割を異にしながらも、精神が身体を支配し、身体が精神に服従するという秩序がなければならない。それゆえ、もしこの支配秩序が、暴動が起こった国家にみられるように、転覆すると、人間の心は各々の信念にもとづいてすさまじい戦闘がくり広げられる場所となる。このような不和と格闘とを起こすのは人間の罪なのである。

理性と情念との戦い　人間は魂と身体とから合成された存在と考えられた。二つの構成要素は人間にとって所与の事実であり、その構成秩序は魂によって身体が支配されることに認められる。ところが罪によって身体の情念が理性的魂に挑戦し、反逆するようになった。エラスムスはまず情念を貴族的にして高尚なものと、平民的で下劣なものとに区別し、両者が王侯の役割を演じている理性に対する関係を次のように説明する。

人間のもとでは理性が王の役割を果たしています。あなたは情念のあるものを――身体的であってもしかし同時に下劣なものではない――貴族と考えてもよいでしょう。この種の高尚な情念には親に対する生まれながらの敬愛、兄弟姉妹への愛、友人への好意、不幸な人たちへのあわれみ、不名誉に対する怖れ、名声への欲望その他類似のものが属しています。それに対し、理性の命令にできるかぎり対抗し、最悪なことには家畜の卑しさにまで転落している者たちの心の運動を、平民のなかの最も下等なかすのようなものと考えなさい。これに属するものには、情欲、放蕩、嫉妬およびこれと似た心の病いがあります（前掲訳書、42頁）。

情念がこのように貴族的なものと下劣なものとに区別されるが、後者はストア的に「心の病い」（morbus animi）と呼ばれ、プラトンでは「魂の激情」（perturbatio animae）と呼ばれる（プラトン『ティマイオス』69D.）。このような下劣な情念の反抗をうけても、王者としての理性は不滅であると主張される。それゆえエラスムスは人生の課題を悪徳と戦うことにおき、そのような倫理的、宗教的な実行すべき行為を人間学的区分によって把握しようと試み、この区分の上に立って理性と情念との対立も説かれた。このような思想展開はプラトン主義に共通した傾向であるといえよう。

したがってアウグスティヌスでも同様なことが起こっていた。彼はキケロの『ホルテンシウス』を読んで、哲学へ向かうが、その時は理性と感性との分裂が起こってしまった。だが、この場合の感性は情念と同じ事態を指している。彼もこの情念をストア的に根絶しようと試みるが失敗し、プラトン主義によって悪を存在論的に理解する知見の下に解決する方向を見いだした。

エラスムスはストア的なアパティア（不動心）をその非人間性のゆえに退けているが、理性による身体的情念の支配といっても、それは情念を排除したり根絶することを意味しないで、秩序によって治めることでその存在と権利とを承認する。ここに人生をより高い観点に立って肯定してゆく態度が見られる。

さらにエラスムスは理性と情念との戦いをプラトンと聖書とが等しく説いている点を強調する。彼はまずキリスト教界の現状を批判することから開始する。キリスト教徒といっても、家畜のように情念に仕え、情念に対する戦いも、理性と情念との差異も知らず、理性が情念の奴隷状態に陥っている場合には、その名を恥じると言う。キリスト自身偽りの平和を退けたように、理性と情念との間に「救いに導く戦い」を起こすようにと彼は主張する。というのは聖書もプラトンと同じ言葉ではないにしても、同義語を用いて語っているからである。

しかし、たとえ同じ言葉ではないにせよ、同じ事柄がすべて聖書の中に指示されていないならば、哲学者の権威はすでに価値が低くなっているでしょう。哲学者たちが理性と呼んでいるものをパウロはある時は霊、ある時は内的人間、またある時は心の律法と呼んでいます。彼ら〔哲学者たち〕が情念と呼んでいることを、彼は時には肉、時には身体、時には外的人間、また時には肢体の律法と呼んでいるのです（前掲訳書、49―50頁）。

ここにプラトンとパウロの人間学的区分法が対比して述べられ、これまでエラスムスはプラトンにもとづいて説いてきたことを、今度は聖書から論じようとして、両者の比較を行なう。そこに哲学に対する彼の姿勢が明瞭となる。

哲学に対する基本姿勢――エラスムスによる文化総合の試み

異教の哲学に対するエラスムスの基本姿勢は「たとえ同じ言葉ではないとしても、同じ事柄がすべて聖書の中に指示されていないならば、哲学者の権威はすでに価値が低くなっているであろう」という先の主張に明らかである。つまり異教の哲学は聖書の内容と一致する限りで価値が認められるが、実際には後に明らかになるように異教の哲学とくにプラトンによってパウロも解釈されているといえよう。したがってプラトン哲学とパウロ思想に共通しているとエラスムスによって解釈されたものが積極的に主張される。そこには異教の哲学や文学に聖書理解のための「予備学」(Propädeutik) といった位置と性格が与えられる。

実際、わたしは未熟な新兵の時代には、この戦いのために異教の詩人たちや哲学者たちの著作によってあらかじめ訓練しておくことをすこしも非難したくないのです。ただし、適正な方法で、また年齢に応じて、だれでもそれらの著作を自分のものにし、あたかも通過してゆくかのようにすばやく捉え、決して深く立ち入らないで、〔ギリシア神話の魔女〕セイレーンの切立つ岩にとどまって年老いてはならない。……あの〔古典文学の〕書物は若い才能を形成し活気づけるし、神の聖書を認識するのに驚くべき仕方で準備します(前掲訳書26―27頁)。

異教の思想をこのように扱っている実例としてバシレイオス、アウグスティヌス、ヒエロニュムス、キプリアヌスを順次あげ、モーセがその舅エテロの忠告を聴き入れたように、異教の著者たちの警告を受け入れるべきであると言う。その中でもプラトン主義に対してはとくに高い評価を与えられた。

哲学者たちの中ではプラトン主義者たちに従うほうがよいとわたしは思います。というのは、彼らがきわめて多くの見解で、また語り方の特徴自体によっても、預言者と福音書の形態にきわめて近いところに接近しているからです（前掲訳書、27頁)。

しかしエラスムスは両者を単に並列的に並べて比較しているのではなく、あくまでキリスト教に中心を置いていることは、前文に続く次の言葉「最も大切なことは、すべてのことがキリストに関係させせられているかどうかということなのです」（quod est praecipuum, si omnia ad Chrisum referantur. 前掲訳書、23頁）がよく示している。

さて、上述のプラトンとパウロとを人間学的区分法によって比較したテキストを要約するとプラトンが「理性と情念」として説いていたことをパウロが「霊・内的人間・心の法と肉・身体・

外的人間・肢体の法」として説いた表現の相違に過ぎない。エラスムスによると、単純にプラトンとパウロとが同じ事態を扱いながらも、用語が相違しているにすぎない。そうはいってもプラトンの「理性」とパウロの「霊」とを同一視することは不可能であろう。この点を考察するに先立ってエラスムスのプラトン理解およびそのパウロ理解にふれておく必要がある。

さて、プラトンによると死すべき種類の魂は、神的種類のものと同じく身体を受けとると、自分のうちに恐ろしい諸情念を必然的にもつことになり、神的なものである理性を汚すようになるので、頭と胸とが首によって仕切られ、魂は胸のなかに縛りつけられた。それゆえエラスムスも内的人間を「王」と呼び、それを理性とみなし、外的人間は身体的情念によって支配されると考えた。

そこにはキリスト教的世界観が当然のことながら支配的である。それに対しプラトンの『ティマエオス』に登場する世界製作神デミウルゴスは、星辰の神々の参与のもと人間を造った。すなわちこの神は人間の魂のうちでも不死なる部分である理性をみずから製作したのち、星（恒星）と同じ数に分割し、掟を授けた。さらに魂が諸惑星に蒔かれると、神的循環運動によって魂は身体に植えつけられ、魂もこの運動に入る。だがエラスムスにはこの星辰の神々の働き、および魂の循環運動にみられる輪廻転生の教説は見あたらない。

エラスムスの神はキリスト教の創造神であり、魂と身体の全体が神によって造られ、身体も人間の本性であって永遠の生命にまで導かれる。だからプラトンのように身体を魂がそこから解放されるべき疎外態とみなすことなく、身体は魂との「幸せな和合」の状態にあるべきであったのに、罪のため不和が生じたと説かれた。また魂と身体との結合は一回的であり、プラトンが考えた魂の循環は否定される。したがってエラスムスはプラトンに見られる神話的世界像から全く自由に、人間の二元的構成のみを単純に受容しているといえよう。

キリスト教人間学の三分法と霊の理解

エラスムスはさらに「オリゲネス的な人間の区分」(Origenica hominis sectio) と呼ぶ人間学的三区分法 (spiritus, anima, caro) をとりあげて彼の人間学をいっそう厳密に論じる。

彼は聖書の箇所 (Iテサロニケ5・23) からこのオリゲネス的三区分を説き明かす。

そこには三つの出来事が生じた。① 最低の部分である身体もしくは肉には蛇が罪の法則を生まれながらの罪過によって書き込み、それによって人間は不品行へと唆されまた征服されると悪魔の一味とされる。② だが、神の本性の似姿である霊のなかに最善の創造者が永遠の徳義の法を指で刻み込むと、この法によって人は神に結びつけられ、神と一つになるように導かれる。③さらに神は身体と霊の中間に魂を立て、知覚と自然衝動に関与させると、魂は党派分裂を起こした国家のようになり、党派のいずれか一方に加盟させたが、どちらに組するかは自由である。もし魂が肉を拒絶し、霊の党派に味方すると、それ自身が霊的になるが、肉の欲望に自己自身を捧げると、自己を身体にまで貶めることになる（前掲訳書56―57頁）。

したがって、ここで新しい点は霊と肉の中間に立っている魂の理解である。このような三区分法はプラトンに見られる精神と身体との二元的対立が魂の介入によって成立するが、プラトンの人間学では魂がその神的起源のゆえに高き位地を占めているのに反し、エラスムスは魂を無記中立的（indifferens）なものとみなし、これが霊と肉との間に立つ中間的にして双方に向かいうる自由な存在である点が力説された。

したがって魂は中間的で無記的であっても、その自由な選択行為によって自己形成をなす。魂には決断の自由がある。したがって「魂は岐路に立っていないのでしょうか。肉がこちらでは〔魂を〕誘惑し、霊がそちらでは促しています」（前掲訳書、59頁）。このような状況のなかで初めて決断の行為が功績を生むと考えられる。単に自然本性に属しているだけでは功績とならない。エラスムスがいまや霊と肉を対象的にではなく行為の内的意図の下に区別している点を注意すべきである。そこには「神の前」(coram Deo)という宗教的規定が明らかに語られてくる。自然本性とは異質な、決断によってはじめて人間の生き方が明確になる。

また霊を自然本性としてのみならず、霊的な生き方として主体的に理解するとき、キリスト中心主義ともいうべき理解が開かれてくる。霊的な人は神を中心とする生き方をする。神は霊であり、断食が外的に敬虔を装っても内的には他人を裁いたりする自己中心の動機を「肉」とみなすからである。この場合、肉とはもはや食物ではなく、他人を無視して自分のことばかりを神に向かって主張する態度である。霊的な愛はキリスト中心主義的な行為を意味する。もちろんキリストの姿が依然として倫理的特性たる徳行によって述べられてはいても、「霊的に」(spiritualiter)はもはやプラトン主義的精神性ではなく、キリスト教本来の霊性の意味で把握されている。このような宗教的な意味で次の勧めがなされている。「あなたが肉であるなら、あなたは主を観ないでしょう。あなたが主を観ていないとしたら、あなたの魂は救われないでしょう。だから、あなたが霊となるように配慮しなさい(Cura igitur, ut sis spiritus.)」(前掲訳書、56頁)。

哲学的神学の根本命題

終わりに『エンキリディオン』にエラスムスの「哲学」が具体的にどのように展開しているかを考察してみたい。彼は現世の感覚的世界の中で人間が故郷を失ってどのようにさ迷い苦しんでいるかを見ており、そこから脱出することに彼の哲学の中心的課題をとらえ、具体的に思想を定着させた。これが「教則五」として次のように定式化された

わたしたちはそれになお第五の教則を補助として加えたい。それは、もしあなたが概して不完全であるか、中間的なものにすぎない可視的事物から不可視的事物へ人間のより優れた部分にしたがって常に前進しようと努めるなら、あなたがこの一つのことによって完全な敬虔を確立するようになるためです（前掲訳書、80頁）。

ここに述べられている人間の優れた部分というのは前に説明された魂と身体の二区分に基づいている。この区分と秩序にしたがって可視的世界から不可視的世界へ超越することが実践哲学の中心課題として示される。人間自身は「中間的なもの」であるからこの超越を本質となし、自己を享受すべきでなく、最高目的のために使用すべきである。したがって人間は「旅する人」(homo viator) として可視的世界では単にその「寄留者」(peregrinus) にすぎない。「可視界にあっ

てはわたしたちは寄留者ですから、決して休息してはならないし、感覚に現われてくるすべてのものを適切な比較照合によって天使界へ、あるいは（さらに有益なことですが）道徳へ、またあの〔知性の〕世界にふさわしい人間の部分へ関係づけなければなりません」（前掲訳書、81頁）。

この超越のためにはプラトンが『パイドロス』で語っている例の飛翔する「翼」が必要であり、創世記のあのヤコブの「はしご」もこの超越を暗示する。そこで彼の実践哲学の特質を示すと次のよう霊的な人間の理解となる。「人間は寄留者にして旅人である」（homo peregrinus et viator）。二つの世界にまたがる人間存在の本質は超越にあるから、現世に「憩う」（conquiescere）、「定住する」（consistere）、「ぐずぐずする」（restitare）また「地上を這い回る」（humi reptare）ことの間違いがたえず指摘される。現世に存在するかぎり、感覚的迷妄のうちにあって絶えず欺かれ、神の顔を見る至福の観照には到達しがたい。彼はこの世界に執着し続ける生き方を否定する。彼はこのような考えによって一生を「旅する人」として過ごした。

敬虔の純粋性

彼によると「自然本性に属しているものは功績として数えられず」、徳は人格が霊的に改造されて初めて成立する。また「性欲を欠いていることではなく、それに打ち勝つことが徳に属している」（前掲訳書、60頁）。それゆえ自然本性は徳と敬虔とのための素材（materia）

にすぎない。それゆえ自然本性を用いて徳と敬虔とを実行しなければならない。世界も身体も神に造られているかぎり善であるが、これを使用して徳と敬虔との実現にいたらず、怠慢にも現世のうちにとどまる「肉的人間」(homo carnalis) であることが悪徳の根源である。

敬虔は迷信から区別される。 根本法則がこのことを教えている。「この戒めは、それをゆるがせにしたり知らなかったりすると、たいていのキリスト教徒が敬虔である代りに迷信深くなり、キリストの御名のほかは異教徒の迷信と大差のないものであるという事態に関わっているのです」(エラスムス、前掲訳書、80頁)。迷信は感覚的しるしにとどまり霊的現実に向かわないところに現われる。だから可視的しるしに依存する信心は出発点にすぎず、真の信心が完成されるにつれて、感性的対象から自由とならねばならない。

時代批判 ここからエラスムスの時代批判がその宗教生活に向けて展開する。それはキリスト教の本質の理解から発する。「キリスト教というのは霊的生命ではないのですか。……なぜなら、キリスト・イエスにおける生命の御霊の法則が罪と死との法則からわたしを解放しているからである」(前掲訳書、96頁)。つまり「神は霊であり、霊的犠牲によって和解される」のであるから、キリストの犠牲は霊と愛から捧げられ、キリストに従う生活も霊と愛に導かれなければならない。「神は、霊的な生活の実践が儀式よりも隣人愛のうちに場所をもつことを想い起こさせています」（前掲訳書、106頁）。そこで諸々の外的儀式、エルサレム巡礼、ローマ旅行、キリスト像の所有、十字架の破片の管理、パウロの骨や聖人の崇拝、献金、罪の告白を十回復唱することなどの無意味さが鋭く批判される。「だが彼らは何に対して無知だったのでしょうか。明らかにそれはキリストが律法の終りであり、またキリストが霊であり、愛でありたもうということです」（前掲訳書、110頁）。

キリスト論と霊的な宗教

これまで考察してきた根本法則は、エラスムスの説明によるとさらに上位の規則に仕える「補助のようなもの」である。ではこの最上位の教則はとは何であろうか。それは「不可視の世界は事実有効な中心キリストをもっている」というにある。この霊的世界の中心たるキリストは人間が目ざすべき唯一の目標であり、また教師にして模範である。

「唯一の目標」(unicus scopus) としてのキリスト　エラスムスはフィリピ3・14の「目標を目ざして走り」にしたがって唯一の目標としてキリストを立て、「教則五」で次のように述べている。「あなたの全生涯の唯一の目標のようにキリストを前に据え、すべての熱意、あらゆる努力、いっさいの閑暇と仕事をこのお一人に向けることです」(前掲訳書、73－74頁)。ここにはキリスト中心主義の神学思想が明らかに語られる。唯一の目標たるキリストは宗教共同体の中心に据えられ、不純な傾向から心を清め、敬虔の純化をもたらす。このことは単に宗教の狭い領域に限られず、広大な領域のすべてに広げられる。したがって善いものでもキリストを目がけてこそ善となる。当時の敬虔や信心が外的形式や方法に囚われていたことに対する批判がここに見られる。

　こうしてキリストという究極目的から万物は真の価値を見いだす。「すべてのことがキリストに関わせられているかどうか」(si omnia ad Christum referantur.) と問われる(前掲訳書、27頁)。無記的な中間的なものはそれ自身のために用いられるべきではなく、「敬虔のための素材」(materia pietatis) として根源と目標とに関係づけて初めて肯定される。この目標の他に別の意図や目的を立てるならば、「あなたはキリストから転落しており、自分のために別の神を造っている」(前掲訳書、78頁)と批判される。このようなもろもろの偶像から宗教を純化する改革のわざは、キリストを中心とも唯一の目標とも見なすときにのみ達せられる。

「模範」(exemplum)としてのキリスト

さらにキリストはキリスト者の模範として『エンキリディオン』の「教則六」で考察される。「キリストを熱心に求めている人の心は、一般大衆の行動にせよ、その意見にせよ、それらから能うかぎり離れ、キリストひとりのほかどこからも敬虔の模範を求めるべきではない、ということなのです。というのもキリストは唯一の原型であるからです」(前掲訳書、111頁)。キリストはすべての人の原型(archetypum)であり、彼のうちに幸福な生活のすべての形が存在している。それゆえ、この原像と一致するかぎりで、人間も模範となりうる。エラスムスは「模範」が人々を直接実例をもって導く力に注目する。

霊的な宗教

エラスムスは『カトーの対句集』からラテン詩人の言葉を引用して言う、「神が霊であるなら、詩歌がわれらに語るごとく、とりわけ純粋な心でもって礼拝すべきである」と(前掲訳書、106―107頁)。この一文は偉大な神学者の言葉にも等しいと説く。彼は霊的に神の言葉を心中深く聞くことの重要性を説いており、そこから彼が期待をかけたのは福音的自由であって、彼は外的な規則への奴隷状態を決して承認しなかった。彼によると確かに教会は、決まった儀式を設け、諸規則を作る権利をもっているが、キリストは霊的な自由へと人々を呼び出している。

この霊的な宗教は神の言葉を聞くことによる「キリストとの一体化」をめざしていた。聖餐式で聖体をいただくことが暗示しているのは、人がキリストの霊と一つの霊となり、キリストの体と一つの体であるということである。この理想に到達しようと努力するなら、人は教会の生きた肢体となるだろう。したがってエラスムスにとって二つの世界がある。一つは神が天使たちと共に住む霊的な世界であり、もう一つは天球とそれに回まれている可視的世界である。前者に比べると後者は一時的、時間的なもので、前者のただの影で、せいぜいその写しにすぎない。それゆえ後者から前者に向かって超越することが真のキリスト者の理想となる。聖書は言う、「命を与えるのは霊である。肉は何の役にも立たない」（ヨハネ6・63）、また「しかし真の礼拝する者たちが霊と真理をもって父を礼拝するときが来る。今がその時である」（ヨハネ4・23）と。

終わりに

この書物が当代に対して果たした意義に注目してみたい。エラスムスは一人の宮廷人を悪徳から改心させるためにこの書物を書いたが、そこにはやさしくわかりやすいかたちで叙述されてはいても、同時代の一般的な諸傾向に対する鋭い批判が隠されていた。当時の人々はこれを鋭敏に読みとり、彼を穏健でリベラルなカトリック教会の改革者とみなすようになった。エラスムスは友人のコレットに次のように語っている。「わたしが本書を執筆したのは、才能や雄弁を発揮するためではなく、単純にこのこと、つまり宗教を儀式に依存させる誤りに反対するためです」(Opus epistolarum , I,405, 46) と。このことは事実『エンキリディオン』の終わりにある言葉「修道士の生活は敬虔〔と同義〕ではありません」(前掲訳書、183頁) において頂点に達する。その真意は続けて語られているように「ただわたしが忠告したいのは、あなたが敬虔を食物の中にも儀式の中にも、また見える事物の中にも基づかせてはいけない」ということである(前掲訳書、同頁)。

エラスムスの力説するキリスト教的敬虔は当時の似ていて非なる敬虔に対する痛烈な批判となっていた。とりわけ外形的儀式を重んじる形式主義に批判は向けられ、断食したり、聖人の骨を崇拝したり、贖宥状を買い求めたり、巡礼に出かけたりすることは、それ自体としては悪いことではないけれども、救いは内面の霊において生じ、外的形式のうちには宿っていない。したがって礼拝儀式や教会法規はそれ自体で価値あるものではなく、良く生きるという実践的に有徳な生活を形成するためにはかえって有害である。むしろ聖書と古典に立ち帰り、単純明解な精神に生きねばならない、と彼は力説して、この書物を閉じている。

〔談話室〕　エラスムスと文化総合

『エンキリディオン』の根本思想にはギリシア古典文化とキリスト教を総合するというヨーロッパ精神の営みが常に意図されていたと言えよう。彼はそれをプラトンとパウロとの対比によって示そうとしたが、この観点は「キリストの哲学」という彼が採用した用語の中にも認められる。この用語を彼はドイツの人文主義者アグリコラ（Johannes Agricola, 1494 – 1566）から受け継ぎ、これまで一般に用いられてきた「教義」（dogma, doctrina）の代わりに「哲学」を使うことによって新鮮な感覚が呼び起こされた。このようなやや聞き慣れない表現は、直ぐには理解できず、常識の意表を突くものであったと考えられるが、エラスムスにとって神学的に何よりも重要であったのは、神的であると同時に親しみを感じる教師キリストの教えであった。

彼は一方において当時の民衆運動であった「新しい敬虔」にしたがってスコラ的な思弁神学を退けながら、他方、民衆の呪術的・迷信的信心を嫌っていた。そこでスコラ神学に対して単純明快に「キリスト」を、民衆の信心に対して、理性にかなった「哲学」を対置して、自分の「キリスト教人文主義」の特質を提示したといえよう。彼はギリシア哲学に匹敵する内容がキリスト教自体のうちに存在すると見ており、「キリストの哲学」というべきものが預言書と使徒書によって確証できることを力説した。つまり彼はキリスト教、とりわけその源泉たる聖書の中にプラトン哲学の内容と一致するものを認めたので、ここにエラスムスが説く独特な神学思想が「キリストの哲学」として初めて明確に提示された。

初期の著作『エンキリディオン』ではいまだこの用語は見られていないけれども、この書物の基本思想はこの用語によって最も適切に表現され得るといえよう。この書物に対して当時二つの抗議がもちあがっていた。その一つは教養が無視されていること、もう一つは修道院と儀礼に対する否定的態度に向けられていた。これに対する反論として「ヴォルツ宛の手紙」が１５１４年のフローベン版にはこの書の序文として加えられ、そこに彼の教養と敬虔についての思想の中核が「キリストの哲学」として次のように述べられている。

わたしがこのように言うのは、「キリスト教的哲学」のすべての源泉と水脈とが福音書と使徒の手紙のなかに隠されていることを知らないからではなく、その言語が外国語であってしばしば混乱しており、さらに表現のあやと婉曲な比喩とが、理解するよりも前にわたしたちにたびたび汗をかかせるほどの困難さをもっているのを知っているからなのです。したがって、福音書記者と使徒との最も純粋な源泉から、また最も信頼できる解釈者たちからキリストの哲学の全体を要約して集めるという任務、しかもそれを学術的である限度内で単純に、明晰であるという条件の下に簡略に行なう任務が幾人かの敬虔であり同時に学識がある人々に委ねられることが、わたしの意見ではもっとも適切なことだといえましょう（『ヴォルツ宛の手紙』金子晴勇訳「エラスムス神学著作集」教文館、202－203頁）。

このキリストの哲学は次の章で紹介する『新約聖書の序文』のなかの「パラクレーシス」でその全体像が簡潔に提示されている。

5　『新約聖書の序文』の意義

1516年にエラスムスは『校訂新約聖書』の刊行という大事業を成し遂げた。すでに1500年以来、彼は新約聖書を理解するためにギリシア語がいかに重要であるかを知っていた。もはや人々は——過去の数世紀にそうであったように——古いラテン語の翻訳であるウルガタでは満足できないでいた。エラスムスは1504年にイタリアの人文主義者ラウレンティウス・ヴァッラの未刊の作品の一つの写本を発見したとき、感動に満たされた（ヴァッラ、Lorenzo Valla, 1407–1457はイタリアのヒューマニストで『新約聖書註解』で聖書文献学に貢献する）。その写本では新約聖書のギリシア語のいくつかの手書き本がウルガタと比較対照されていた。その翌年にエラスムスはこの著作に重要な序文を付して刊行した。この序文の中で彼は、ウルガタに対して神学者だけが批判すべきであって、言語学者はそうすべきでないという異議を次のように論破した。「聖書を翻訳するということの課題の全体は文法学者が関与する事柄である。ある場合にはエトロ（エトロはモーセの舅で、ミディアンの祭司。出エジプト記3章1節参照）の方がモーセよりも賢いことがあっても、それは馬鹿げていない」。この比較は示唆に富んでいる。文法が世俗の学問に属していても、それは神学に役立つことができる。実際、その助けはきわめて必要でさえある。

1516年の3月にはその出版のときが来ていた。今やバーゼルのフローベン社から千頁を超える内容豊かな大型本が出版された。それはギリシア語の本文、エラスムスの手になるラテン語訳、および詳しい入門的な文書『新約聖書の序文』と注釈書、さらには本文に対する説明的な注から成っている。この全体を完成するにはエラスムスと彼の協力者たちが半年間かけて極度に張り詰め、きわめて集中した仕事を必要とした。しかも急いで仕事しなければならなかった。というのはスペインにおいても同様な、しかもいっそう壮大な規模での企画がすでにずっと進展していたからである。フローベン社は競合を恐れていた。エラスムスはレオ10世への献呈の辞のなかでこの出版に対して信じられないほどの多くの労力を投入したと誇らしげに述べている。彼は最古で最善のギリシア語とラテン語の写本を使っていたし、さらに教会教父たちがどのような異本交合による異文を知っていたかを多くの教父のもとで調査していた。彼が使用した諸々の写本の年代や特質に関して彼が誤ったことを現在わたしたちは知っている。それらの写本は発行年がまだ新しかったり、それほど良いものではなかった。さらに彼が自由に使うことができたすべての写本の中にはヨハネ黙示録の終りの数節が欠けていた。それゆえ彼はこの部分を単純にウルガタから元の言語〔ギリシア語〕に再翻訳した。しかしエラスムスの作品のなかの根拠の薄弱な箇所を〔このように〕確認することよりも重要なのは、彼の仕事の意義が承認されたことである。今や初めて神学者たちに〔ギリシア語新約聖書〕本文の版、および——新しい翻訳と注によって——本文研究のために豪華な参考資料を自由に使用することが許されたのである。

すでに1519年に少なくとも四百箇所の修正を施した〔新約聖書の〕新版が現れた。それはエラスムスが骨の折れる仕事をさらに続けたことの確かな証しである。1522年にも、1527年にも、また1535年にも新版の手配をした。その間に無数の他の印刷所を通してテクストの版やエラスムスによる翻訳が復刻された。

彼の仕事にもとづくさまざまな国の言語への聖書の翻訳も直ちに現れてきた。その中にはルターの手になる有名なドイツ語への翻訳も数えられる。もちろんスコラ神学者たちの側からの抵抗はものすごく、その論拠たるや大群のさまを呈していた。「エラスムスは聖書を台なしにした」。「ウルガタのほうがギリシア語のテクストよりも良いばかりか、何百年も続いた伝統によって聖化されている」。「エラスムスの翻訳は間違っている」。「彼の注解は信仰を損ねている」。「聖書は教会全体のためにあるのではなく、ただ神学者にとってのみ用いられるように定まっている」

等々の批判が続出した。
エラスムスはこれらの抗議を一つも実際には理解できなかった。なぜなら、古代からのありとあらゆる聖書に関する著作が出版されており、それを利用してあたうる限りの細心の注意が正しいテクストの確定と明確な説明に費やされたからである。キリスト者がこの細心の注意を真っ先に新約聖書に向けようとすることは自明なことである、と彼は確信していた。またエラスムスの作品は神学者のために意図されていたとしても、彼は断固として平信徒にも奉仕しようと願っていた。彼の序文の一つからの次の引用の箇所は有名である。

聖書を民衆の言語に翻訳したり、平信徒によっても読まれるようになることを欲しない人たちからわたしは手を引きます。この人たちは、一握りの神学者たちによってもほとんど理解され得ない仕方でキリストが複雑怪奇に教えたかのように、またキリスト教が知られないままでいることによって保護されうるかのように、考えています。王たちは自分らの秘密を隠そうとしますが、キリストは自分の秘密が人々の間に広められるように強く欲しています。わたしは女将さんたちがすべて福音書を読むように、またパウロの手紙を読むように願っています。さらに、わたしはスコットランド人やイラン人によってのみならず、トルコ人やサラセン人によっても読んで理解されるように、あらゆる国民の言語に聖書が翻訳されたらよいと思います。

福音書の記者自身もこのように願っていたし、彼らが単純な民衆の言語で書いたことは理由がなかったわけではない。

これらのすべてにおいて新しいスローガン「源泉に帰れ」がその姿をはっきりと現してくる。エラスムスは聖書そのものに再び発言させようと欲し、そのためには聖書が伝統の重荷から解放されなければならなかった。その際、形式問題が重要ではなく、生けるキリストが重要であった。エラスムス自身が聖書の中でキリストを発見し、同時代人らをキリストの許に導こうと欲した。彼はその序文のなかで多様な目に見える救済の徴しに対する因習的な崇拝について次のように語っている。

わたしたちはキリストの上着を崇拝し、イエスの像を宝石とか金で飾っているが、わたしたちはそれよりも、その中でキリスト自身を見いだす聖書を、遥かに多く崇拝すべきである。聖書の中では「キリストが充ち満ちて現存しているので、あなたが肉眼で彼をみるとき、あなたはほんの少ししか彼を見ていないのです」と。

こういう言葉の背景には一種のスピリチュアリズムが隠されていることは、自明なことである。これらの言葉は中世の皮相化〔した聖書理解〕に対する反動となっている。しかし、わたしたちはこの事態を別の角度から考察して、キリストがエラスムスの敬虔の中心点であり、彼はキリストを聖書の中で発見したと言うことができる。「聖書のみ」(sola scriptura) の原理はまことにプロテスタンティズムだけのテーマではない。

聖書の注釈書 (Annotatio) もまたとても重要であった。当時の尺度でもって測ると、それは研究資料で満たされている。それは中世の釈義的な仕事に対して新しい尺度を立て、新時代の開始を告げるといっても誇張ではない。二、三の周知の事例をあげるのをここでやめてはならない。エラスムスが最初の二つの版で所謂「ヨハネのコンマ」(comma johanneum) をわざと省いてから (ヨハネ第一の手紙5・7以下の解釈問題を言う)、そのわけを弁明したとき、彼は聖書の本文批評の領域に厳密にとどまっていた。多くの同時代人たちはそれを違ったように見ていた。彼らの考えによれば、エラスムスはそれでもって三位一体の教会教理を攻撃したのである。もっと重大な結果を招いたように思われたのは、エフェソの信徒への手紙は思考の道筋ではパウロ的であるが、文体ではパウロ的でなく、黙示録は使徒の作と呼ばれるには困難であると説明したときである。マタイ福音書第3章2節について「悔い改めなさい」(ウルガタでは poenitentiam agite.「悔悛《かいしゅん》の秘蹟を受けなさい」となっている)という警告は、悔い改めのサクラメントを受けることとは何ら関係がない、と彼は発言した。

この当時のカトリック教会が一般信徒のために制定した「悔い改め」のサクラメントは①「痛悔」と呼ばれる、犯した罪に対する心からの悔恨と、②「告白」、つまり罪を衆人の前で口頭で告白する行為、および③「償罪」という犯した罪のための善いわざによる弁償から成っていた。この弁償の中に大問題となった贖宥券(免罪符)が入っていた。エラスムスによると「悔い改め」とはギリシア語のメタノイアつまり「心の転換」を意味する。この発見によって中世カトリシズムの宗教的世界全体が崩壊する運命が招かれることになった。

またローマの信徒への手紙第5章12節以下では原罪について語られているとすべきではない。さらにヨハネ福音書第1章にあるギリシア語のロゴスをウルガタのように「御言」(verbum)と訳さないで、「話」(sermo)つまり語られた生ける言葉と訳したとき、広汎な異議が呼び起こされた。

「パラクレーシス」の意義

彼は『校訂新約聖書』の序文として『新約聖書の序文』を書き、その巻頭に「パラクレーシス、つまりキリスト教的哲学研究への勧め」(Paraclesis id est adhoratio ad Christianae philosophiae studium, 1516) を据えた。その中に一節にはエラスムスの思想の全体をみごとに捉えた次のような言葉がある。

これら〔新約聖書〕の僅かな書物から、あたかもきわめて明澄な泉から汲むように、知恵を汲みだすことができます。この種の哲学は三段論法の中よりも心情の中にあり、論争ではなく生活であり、博識ではなく霊感であり、理性よりも生の変革です。……キリストが「再生」と呼びたもうたキリストの哲学とは良いものとして造られた自然の回復にあらずして何でありますか(『エラスムス神学著作集』金子晴勇訳、教文館、2016年230、235頁)。

ここにはエラスムスが説く独特な神学思想が「キリストの哲学」として初めて明確に提示された。この主題を彼はドイツの人文主義者ヨハネス・アグリコラから受け継ぎ、これまで一般に用いられてきた「教義」（dogma, doctrina）の代わりに「哲学」を使うことによって新鮮な感覚を呼び起こした。この表現は常識の意表を突くものであって、彼とって神学的に何よりも重要であったのは、神的であると同時に親しみを感じる教師キリストの教えであった。彼は一方において当時の民衆運動であった「新しい敬虔」にしたがってスコラ的な思弁神学を退けながら、他方、民衆の呪術的・迷信的信心を嫌っていた。そこでスコラ神学に対して単純明快に「キリスト」を、民衆の信心に対して、理性にかなった「哲学」を対置して、自分の「キリスト教人文主義」の特質を提示した。

彼はギリシア哲学に匹敵する内容がキリスト教自体のうちに存在すると見ており、「キリストの哲学」というべきものが預言書と使徒書によって確証できることを力説した。つまり彼はキリスト教、とりわけその源泉たる聖書の中にプラトン哲学の内容と一致するものを認めたので、「キリストの哲学」なる名称を選んだといえよう。これによってギリシア—ローマの古典文化とヘブライ思想との文化総合がみごとに表現されているのが看取される。

そこで彼の神学思想の三つの特質を冒頭の引用文の中から取り出して見たい。

（1）「理性よりも生の変革である」

ここでいう理性（ratio）は三段論法、論争、博識と述べられている事柄を総括する概念であって、スコラ神学的思弁を指して語られている。これに対立するのが「生の変革」(transformatio)であり、これは心情、生活、霊感と並べられていて、聖霊の導きの下に立つ霊的生活であり、その中心は不断の自己改造を志すことである。このような自己改造こそキリスト教による哲学の目ざすもので、人間の心情に迫る高次の宗教的生に属している。

(2)「良いものとして造られた自然の回復」

キリストの哲学は創造における自然本性が罪により壊敗《かいはい》している現実に働きかけ新生させること、もしくは改造させることを内実とする。この「回復」はキリストご自身「再生」(renascentia)と呼ぶものだと説明される。この言葉はルネサンスと後に呼ばれた名称の一つの源泉となった。この概念は本質的には宗教的意味をもっていて、新約聖書の語法「新しく生まれる」(ヨハネ3・3)、宇宙的再生をいう「世が改まって」(マタイ19・28)、さらに「再生の洗い」(テトス3・5口語訳)につながる。またこの哲学の教えに合致する異教徒の書物があることを指摘している点で、人文主義者としての特質が示される。しかし、キリストの方が「決定的にかつ効果的に伝えた」と付言することによって、キリスト教に立つ人文主義の意義がここでも明瞭に語られる。

(3) 聖書主義の神学

さらに「これらの僅かな書物から、あたかもきわめて明澄《めいちょう》な泉から汲むように、知恵を汲みだすことができる」とあるように、「僅かな書物」は新約聖書の諸書を指し、そこに知恵の源泉がゆたかにあふれでているという。ここでキリストが哲学することの対象となっているのは、キリストが天上的な教師であり、永遠の知恵をもち、「人間に救いをもたらす唯一の創始者として救済に必要なことを教えたもうた」からである。

このようにキリストが哲学することの対象となっている。というのもキリストは天上的な教師であり、永遠の知恵をもち、「人間に救いをもたらす唯一の創始者として救済に必要なことを教えていたからである」。この哲学は人格の改造と再生とを目標とするが、それをもたらしたキリストとの生ける人格的な出会いをエラスムスは力説し、救済のため受肉したキリストとの交わりを徹底的に追求した。こうしてキリスト教人文主義に立つ新しい神学思想が形成された。

方法論(メトドゥス)

次の「方法論」は先にエラスムスが読者に呼びかけた「キリストの哲学」に到達する「方法」を述べたものである。彼はその冒頭で読者からの声を予想して次のように言う、あなたはずっと前から走ってきた人に（よく言われるように）何をけしかけようとするのですか。むしろ、それによってだれにでも近道のようにとても称賛されているあの哲学に到達させる手段と方法を示してください。仕事に取りかかる道を知るということは、仕事の最小の部分ではないからです（前掲訳書、240頁）。

もちろんそれに答えるのは容易なことではないが、アウグスティヌスがその『キリスト教の教え』全4巻で論じたのに彼も倣って論じてみたいという。

そこでエラスムスは聖書から神聖な知恵を学ぼうとする人は何よりもまず飢え渇くように真理を求めるなければならず、すべての高慢を遠ざけ、名誉欲を退けなければならないと説き、次のように言う。

あなたが畏敬する宗教心をもってその場所に入っていくとき、あなたはすべてのものに口づけし、すべてを崇拝し、何かの神性が至るところに臨在するかのように、すべてを敬うでしょう。あなたがこの神聖な霊の最内奥（聖所）に入っていくときには、このことをいっそう深い敬虔の念をもって行うべきであることに留意してください（前掲訳書、241－242頁）。

このような心の準備をまずもつことが力説される。

次にこの聖書を正しく理解するためにはラテン語・ギリシア語・ヘブライ語という三言語を修得するように配慮すべきであると、エラスムスは人文主義者らしく勧告する。もちろん三言語の完全な修得を彼は一般の読者に期待していない。それは総じて不可能であって、「入念さと優雅さ、つまり正しく判断するに足りる、中程度の言語能力にまで前進することで充分なのです」（前掲訳書、242頁）と言う。その際、中世を通じて最大の権威であったヒエロニュムスの『ウルガタ』が一度だけ訳されたら、もう充分だとはとても考えられない。そこで「ヒエロニュムスの翻訳が一度だけで充分だったたならば、旧約聖書の真理はヘブライ語の原典から、新約聖書の信仰はギリシア語の源泉から探求されるべしという教皇の決定はいったい何を警戒するように仕向けていたのでしょうか」（前掲訳書、243頁）と反論される。それゆえ若い人たちがギリシア語を勉強するように彼は勧め、アウグスティヌスでさえ老人になってからギリシア語を学び直したり、当時のゲルマニアの唯一の人文学者ルドルフ・アグリコラが40歳を過ぎてからヘブライ語を研究した実例を挙げる。また旧約聖書はそのギリシア訳『セプチュアギンタ』（Septuaginta）で十分であると考えたヒラリウスやアウグスティヌスの考えがヒエロニュムスによって批判されたことも指摘され、ヘブライ語研究の必要性が訴えられた。

三言語の修得と並んで自由学芸の学問の意義も説かれ、弁論術・修辞学・数学・音楽・天文学のほかに時代と歴史の研究も聖書を正しく認識するために必要であると説かれた。とりわけ神学を学ぼうとする青年が文法学や修辞学の表現法や比喩によって鍛えられるのは有益であり、それによって寓意的物語や寓意的叙述、比喩また修辞学の大前提、証明、敷衍、影響などの予備の学習も可能となる。この自由学芸についてアウグスティヌスがその弟子のリケンティウスにそれに立ち返るように勧めている実例も紹介されている。

ところで昔の神学者オリゲネス、バシレイオス、ヒエロニュムスと最近の神学者を比較すると、「昔の神学者たちには何か黄金の流れが走っているように感じられますが、最近の神学者たちには全く純粋ではなく、その源泉に一致しない何か細流のようなものがあるのを感じるでしょう」（前掲訳書、246頁）とエラスムスは説き、聖書の源泉から離れていった思想の傾向を指摘する。そこには中世に栄えたスコラ神学の大きな流れがあって彼はこれに批判的に対決する。

というのも神的なよい学問〔つまり人文学〕を取り扱うに当たって何かを外来の助けのよう

に一緒に混ぜ合わせることは、おそらく上品ではないでしょうから。それと同じく世俗的な知恵のすべてから全く異質な事柄を追求している人たちが、ピュタゴラス、プラトン、アリストテレス、アヴェロエスまた彼らよりも世俗的な作家たちのことだけをしゃべりまくって、この人たちの見解を神託のように〔畏怖して〕麻痺してしまうのは、真にもって愚かなことであると思われます。それはキリストの哲学に趣を添えるのではなくて、それを全く別物にしてしまうのではないでしょうか〔と疑問が出される〕（前掲訳書、248頁）。

こうして「キリストの哲学」を福音書が伝えるキリストの実生活から説き起こし、さらにキリストが生きた時代状況とその受けた迫害にどのように対処したかが具体的実例に沿って詳しく述べられる。また聖書の本文を正しく理解するためには聖書解釈学を学ばねばならないことが強調される。それゆえ「わたしたちは聖書の証言を、すでに600回も他のところから他の人によって混入され氾濫した、何かの要約やつまらない説教集や収集した文集からではなく、源泉そのものから〔若い人たちが〕適切に引用するのを十分に学ぶように勧めなければなりません」（前掲訳書、250頁）と源泉に立ち返ることが説かれる。このように源泉に向かわずに、その他の収集物に頼ることが戒められるばかりか、なかには自分の主張に沿って、聖書をそれに奉仕させるように強制する人があることも指摘される。こういう傾向は徹底的に批判され、聖書を庇護する者たちによって転覆されなければならない。また聖書の意味不明な箇所は他の明瞭な箇所を列挙することによって説明することができる（前掲訳書、252頁）。同じくパウロと福音書とを、福音書とイザヤ書を比較することも意義深いことである。それに対しアリストテレスの註解書を暗記したり、スコトゥスの推論や討論を丸暗記して聖書に向かうことは正しいとは言えない。ここから古代キリスト教教父たちの正しい神学と誤ったスコラ神学の方法が対比され、後者に対する激しい批判が加えられる。こうして、すべてを弁証論者の機知とアリストテレスの哲学に還元するスコラ神学は、哲学であっても、神学ではないと断言される。「要するにわたしはスコトゥスと一緒に無敵であるよりも、ヒエロニュムスと一緒に敬虔でありたいのです」（前掲訳書、256頁）とエラスムスは願望を述べ、「キリストを純粋に教える教師は誠に偉大なる人なのです」と終わりに当たって結論がくだされる。

弁明書（アポロギア）

エラスムスは冒頭で「異論を唱えるであろう少数の人たちに対してわたしは弁明書をもって対

処したい」と語って、弁明書の目的を明らかにする。『校訂新約聖書』はその出版当時非常に待望されており、エラスムス自身の言葉によると半年にも及んだ「無限の労苦と徹夜の仕事」であった。これは今日から見て実に偉業と感じられる一大記念碑的な業績である。なぜなら新約聖書のギリシア語の本文の確定という困難を極めた作業ばかりでなく、新しいラテン訳を並置するという仕事に加えて、さらにそれを補強するために聖書各巻にわたる『注釈書』が付け加えられたからである。したがってこの作品はギリシア語とラテン語から作成されており、当時の人文学の研究成果がふんだんに盛り込まれていた。とりわけこれらの語学を駆使できない人たちにとって、とくに神学者たちにもっとも役立つ書物であった。ところがこれらの語学を修得していない人たちによって無用の作品と批判される傾向が至るところから出ていたのである。彼らはこの作品を歓迎しないばかりか、激しくこれを攻撃し、抗議し、あら探しをし、弾劾したのである。したがってエラスムスは彼らを忘恩の徒と呼び、著しく恥知らずであると反論する。彼は言う、「あなたが読んだこともないような書物を弾劾するに優って恥知らずなことを想像できますか。あなたがすでに読んでいても、言語についての知識が全くないなら、それについてあなたは何も言い表すことができないのではないでしょうか」（前掲訳書、261頁）と。

事実、エラスムスの仕事はとりわけ神学者にとって有意義で、ギリシア語を学ぶ時間もゆとりもなかった人にとってもっとも役立つ業績であり、そのために彼が行った汗だらけの労苦を思えば、それは当然の発言と思われる。一般の人は自分に役立つものを心から歓迎し、素直に受容するのに、神学者だけはこれにしつこく抗議したりすることが起こってくる。そして感謝や報償の代わりに中傷が繰り返される。それに対し神学者であるからにはギリシア語とヘブライ語を学んで、神秘に満ちた聖書の源泉そのものを探求すべきである、と彼は言う。また、そうすれば彼は多くの弁護人を得ることになろうとも述べている。

先に述べたようにヒエロニュムスのラテン語訳聖書『ウルガタ』だけで十分であると言った風潮が当時支配していたようである。しかしエラスムスが新しい訳を付け加えたのは、ヒエロニュムスを含めた以前の翻訳者たちが未決着のままに残した問題に答えているからなのであって、有意義なものである。だから、そういう仕事は根拠もなく軽率に行ったものではない、と彼は反論する。また聖書の正典に関しても十分に検討を重ねてきたことを強調して、彼は次のように言う。

まず初めに正典に関する〔ウイーン〕公会議にもとづいてギリシア語原典の文言によってラテン語の写本を吟味しましたが、わずかな著者かだれかに信頼してそれを行ったのではありません（オリエントの言語研究に関するウイーン公会議は1312年に開かれ、そこで決められた指針にエラスムスは従っている）。ラウレンティウス・ヴァッラは信頼できる七つの写本を追跡調査したと証言しております。最初の点検の際に、わたしたちは四つのギリシア語版によって、次には五つの版によって〔検証するのが〕助けられ、3回目には他のものとは別にアスラナ版がさらに加わりました。4回目にはスペイン版が〔使われるべく〕供給されました。それからきわめて古いだけでなく、また改善された、幾つかのラテン語の諸版も参照されました。わたしたちはこれで満足しないで、もっとも優れた著者たちを調べてみて、彼らが引用していること、読んだこと、修正したこと、解釈したことを物憂げに観察しませんでした。また、わたしたちはこれらすべてのことを、できる限りの警戒心をもって、確かに最高の誠実さでもって、寄せ集め、かつ、比較考量して、最善だと判断したものに従いました。この〔研究についての〕原則をわたしたちは公表したのですが、それでもやはりそれは各自がその判断を享受するためなのです（前掲訳書、264頁）。

ここに挙げられた写本の数は相当なものであるが、実はこれまで聖書のラテン語の写本もギリシア語の写本も千年以上にわたってすべてにおいて一致していなかったことを知っておくべきである、とエラスムスは言う。その理由はいくつもあげられるが、聖書の写字生がとても多く、彼らが本文を写すとき、彼らの無知、眠気、不注意があった上に、生半可な教養や不注意による変更が加えられたりした。さらにヒエロニュムスが言っているように、東方教会では自分たちの党派を弁護するために聖書に変更が加えられたりした。なかには聖書を講解した人たちが欄外に書き留めていたものを本文中に移すようなことも行われた。これによって重大な歪曲が生じたのである。実際、古代の教父たちもそれぞれ相違した仕方で聖書を読むようになってしまったのである。こうして写本の多様性が聖書の信憑性を奪うなら、聖書は多様なままになってしまって、正典としての価値がなくなってしまう。だが、写本の不一致がアウグスティヌスをしていっそう聖書の研究に向けたこともあるように、できる限り正典に近づける努力が要請される。そこでエラスムスは「わたしたちは聖書の幾つかの箇所を刷新しました。わたしたちはそれらをいっそう優雅にというよりも、むしろいっそう明瞭に、かつ、いっそう忠実に訳しました」(前掲訳書、266頁)と語っている。こうすることによってこの『校訂新約聖書』という作品は、損なわれることなく、いっそう輝きを増し、純粋になり、改善されたと主張される。彼によると聖書自身はその源泉において尊厳を保っているが、問題なのは翻訳者、写字生、歪めた人たちなのである。

そうです、いっそう正しくいうなら聖書に対する最高の讃辞は、それがあれほど多くの言語に繰り返し翻訳され、異端者たちによって繰り返し損なわれたり、あるいは曲解されたり、筆記者の不注意な仕方でもって繰り返し台無しにされたにもかかわらず、永遠に真理の活力を保ち続けていることです。このようにして教会はあらゆる悪人どもの攻撃によって激しく動揺されても存続しています〈前掲訳書、267頁〉。

このように言っても聖書を誤って伝える人がいなくならないなら、それを直ちに矯正することを怠ってはならない、と彼は付言している。

さらにエラスムスが試みたラテン語訳に関しても、「まずもってわたしたちの訳業をギリシア語と比較してください。わたしたちは〔訳業を〕いっそう容易に進めるために、その場所〔ギリシャ語写本〕からわたしたちの訳業を調達して来たからです。わたしが古い翻訳者よりも忠実に、明瞭に、意義深く表現していないかどうか判断してください」〈前掲訳書、270頁〉と彼は述べて、読者に訳業を正しく判定してもらいたいと訴える。また他のラテン訳との相違は原典に忠実に訳したことから生じているのであって、その解釈に関してはこの版の終わりに付した『注釈書』を参照してもらいたいとも言い添えている。

そこでエラスムスは聖書本文について自分の考えていることを次のように率直に語ってい

る。「それゆえわたしたちはこの〔聖書〕本文がすべて確実で、疑いの余地がないかのように、推薦しているのではありません。そうではなく目覚めており注意深い読者が、わたしたちの手になる〔本文の〕改良と刺激的な注解によって少なからず援助されるように願っています」（前掲訳書、271頁）。このような言葉は少しも強がりがなく、謙虚そのものであって、自分をも相対化して述べている点が好ましい印象をわたしたちに与える。しかし人文主義者として聖書本文を厳密に検討し、それを確定し、さらに新しいラテン訳を完成したこと、および注釈書まで付け加えたことに関しては、彼は揺るぎない確信を懐いていたといえよう。このことは聖書本文の細かな検討、コンマのような小さな修正ですら、聖書の意味を把握するのに大いに役立っていると彼は考える。また聖書本文の解釈に関して古今の有名な神学者の解釈をも検討し、たとえばアウグスティヌスやトマス・アクィナスのような大家にも誤りを犯す可能性のあったことを指摘する。こうした内容からなる「弁明書」は当時においては十分な根拠をもつものと受け入れられたことであろう。

［談話室］「聖書のみ」はエラスムスの主張でもあった

エラスムスの新しいスローガン「源泉に帰れ」は『校訂新約聖書』にもはっきりとその姿を現してくる。エラスムスは聖書そのものに再び発言させようと欲し、そのためには聖書が伝統の重荷から解放されなければならなかった。その際、形式問題が重要ではなく、生けるキリストが重要であった。エラスムス自身が聖書の中でキリストを発見し、同時代人らをキリストの許に導こうと欲した。彼はその序文において多様な目に見える救済の徴しに対する因習的な崇拝について次のように語っている。わたしたちはキリストの上着を崇拝し、イエスの像を宝石とか金で飾っているが、わたしたちはそれよりも、その中でキリスト自身を見いだす聖書を、遥かに多く崇拝すべきである。聖書の中では「キリストが充ち満ちて現存しているので、あなたが肉眼で彼をみるとき、あなたはほんの少ししか彼を見ていないのです」と。こういう言葉の背景には一種のスピリチュアリズムが隠されていることは、自明なことである。これらの言葉は中世の皮相化した聖書理解に対する反動となっている。しかしわたしたちはこの事態を別の角度から考察して、キリストがエラスムスの敬虔の中心点であり、彼はキリストを聖書の中で発見したと言うことができる。「聖書のみ」(sola scriptura)の原理はまことにプロテスタンティズムだけのテーマではない。

聖書の注釈書(Annotationen)もまたとても重要であった。当時の尺度でもって測ると、それは研究資料で満たされている。それは中世の釈義的な仕事に対して新しい尺度を立て、新時代の開始を告げるといっても誇張ではない。二、三の周知の事例をあげるのをここでやめてはならない。エラスムスが最初の二つの版でヨハネ第一の手紙5・7以下の解釈問題である所謂ヨハネのコンマ(comma johanneum)をわざと省いてから、そのわけを弁明したとき、彼は聖書の本文批評の領域に厳密にとどまっていた。

多くの同時代人たちはそれを違ったように見ていた。彼らの考えによれば、エラスムスはそれでもって三位一体の教会教理を攻撃したのである。もっと重大な結果を招いたように思われたのは、エフェソの信徒への手紙は思考の道筋ではパウロ的であるが、文体ではパウロ的でなく、黙示録は使徒の作と呼ばれるには困難であると説明したときである。マタイ福音書第3章2節について「悔い改めなさい」(ウルガタでは poenitentiam agite.「悔悛の秘蹟を受けなさい」となっている)という警告は、悔い改めのサクラメントを受けることとは何ら関係がない、と彼は発言した。

この当時のカトリック教会が一般信徒のために制定した「悔い改め」のサクラメントは本文でも紹介したので、その要点だけをあげると、こうなる。①「痛悔」と呼ばれる、犯した罪に対する心からの悔恨と、②「告白」、つまり罪を衆人の前で口頭で告白する行為、および③「償罪」という犯した罪のための善いわぎによる弁償から成っていた。この弁償の中に大問題となった贖宥状（免罪符）が入っていた。エラスムスによると「悔い改め」とはギリシア語のメタノイアつまり「心の転換」を意味する。この発見によって中世カトリシズムの宗教的世界全体が崩壊する運命が招かれることになった。

また彼はローマの信徒への手紙5・12以下では原罪について語られているとすべきではないと見なした。さらにヨハネ福音書第1章にあるギリシア語のロゴスをウルガタのように「御言」（verbum）と訳さないで、「話」（sermo）、つまり「語られた生ける言葉」と訳したとき、広汎な異議が呼び起こされた。原典に従って新鮮な意味感覚がよみがえることをエラスムスが意図していた事実がここに判明する。

6 『真の神学の方法』

エラスムスの『校訂新約聖書』(Novum Testamentum, 1516) はキリスト教思想史における真に記念碑的業績であった。それは聖書の原典を提供したばかりか、宗教改革を引き起こした原因ともなった点でもきわめて画期的な作品ともなった。そこにはまた文献学的に言っても、ルネサンスを特徴づける古代文化の「源泉に帰れ」というスローガンを実現させた典型的な著作でもあった。

ところでエラスムスの『校訂新約聖書』に付けられた有名な『新約聖書の序文』(現在編集中)や膨大な『注解書』も今日まで批判的に吟味されてこなかった。最近になってジャン・ピエール・マッサウは『注解書』を研究し、エラスムスにおける「神秘」の概念と使徒パウロの影響を問題にし、アルバート・ラビルはエラスムスの方法論を開拓するために『ローマ書の注解』を吟味した (Rabil, Erasmus and the New Testament: The Mind of a Christian Humanist, 1972, pp. 115-127)。また人によってはそこにオリゲネスの影響を捉えてその影響を強調する者もいる。『新約聖書の序文』

に関する研究も進展し、キリストの哲学である真の神学がその中心的な対象として「神秘」に置かれていることが解明されるようになった（Hoffmann, Erkenntnis und Verwirklichung der wahren Theologie nach Erasmus von Rotterdam und die Einleitugsschriften zum Neuen Testament, 1974. このヴィンクラーは『真の神学の方法』の独訳者でもある）。ここから神学者としてのエラスムス像が回復されるのみならず、彼の神学方法論には「神秘」をどのように解明すべきかが説かれていると認められるようになった（M. O. Boyle, Erasmus on Language and Method in Theology, 1978 : J. B. Payne, Towards the Hermeneutics of Erasmus, in Scrinium Erasmianum, 1969, 2, p.13-49, Georges G. Chantraine, The Ratio Verae Theologiae, 1518, in: R. L. DeMolen, Essays on the Works of Erasmus, 1978. 参照）。

『新約聖書序文』は「呼びかけ」・「方法」・「弁明」の三つからなっている。そのいずれも簡略な叙述に過ぎなかったが、その中の「方法」の部分が拡大され発展したものが『真の神学の方法』（Ratio verae Theologiae）である。この著作はなんども書き加えられて完成し、彼の神学思想を知る上で重要な文献となった。

『真の神学の方法』を著述した意図

エラスムスは『真の神学の方法』の冒頭で次のように言う。「新約聖書の初版がわたしたちの点検を経て出版されようとしていたとき、神学研究の方法論もしくは原則〔ラティオ〕が添えられるようにとの、ある友人の熱心な勧めによって、わたしは簡潔ではあるが一つの著作の序文としては内容の豊かなもの〔つまり『新約聖書の序文』〕をかつて付け加えたいと考えていました。その際、わたしはそれが序文としてではなく、その著作に添付された別の著作と思われはしないかと危惧していました」(『真の神学の方法』金子晴勇訳、『エラスムス神学著作集』教文館、285頁)。ここには先の『新約聖書の序文』にあった「方法」に続いて、聖書理解のための組織だった神学方法論の必要性が感じられたことが明らかに示されている。というのもそこでの「方法」の叙述では彼の神学方法論の概要が簡略に提示されただけであったからである。こうしてさらに一年を経て、この大作が出版されるようになった。

それではエラスムスの神学的な方法とは何であろうか。彼によると神学はその対象のみならず、その学問の性質からして求められる主体的性格のゆえに、聖なる学問である。それは古代人のいうカタルシス（心の浄化作用）を求める。つまりそれに携わる者の道徳的清めという浄化を要求する。したがって神学は単なる技術的な学問の問題ではない。それゆえ自分の内に宗教的な態度を養おうとしない人、人格的な改善を求めない人は神学によって進歩しない。というのも神学は厳密に預言者的な作業であるから。そのためには聖霊の特別な恵みが心にそそがれていなければならない。それゆえ次のような勧めがなされる。「あなたの唯一にして第一の目的と祈りは、あなたが変えられ、連れ去られ、あなたが学んでいるものへと改造されるという、一つのことを実行することです」（前掲訳書、290頁）。

ここから最初の結論が次のように下される。「こうしてあなたが鋭く討論することによってではなく、次第に他のものに変えられるのを感得するなら、あなたは遂に自分が進歩したと考えねばなりません」（前掲訳書、同上）。このことは、同時に、当時の神学が単に論争的であるような、情けない状態にあったことに対する批判であった。この批判は16世紀のスコラ神学が論争神学となっていたことに対する、新たなる批判と論戦の試みと見なすべきではなく、古代教父のナティアンズスのグレゴリオスの神学的説教から反―弁証論的な態度を受容していたと考えるべきである（Louis Bouyer, Erasmus and his times, 1959, p. 158）。そこには預言者的な神学姿勢を回復させようとする意図が明らかに認められる。ここからエラスムスの神学方法論の主たる傾向を次のように要約することができる。

（1）聖書を読む訓練をする人は清い心をもたねばならない。

（2）聖書の言語であるヘブル語・ギリシア語をよびラテン語を学び、自由学芸とくに文法と修辞学によって鍛えるべきである。彼は言う、「討論をする前に、まずなすべき第一の研究は、ラテン語、ギリシア語、ヘブル語の三つの言語を徹底的に習得することである」と。なぜなら現行のラテン訳聖書ウルガタが不正確であるから。しかし同時に聖書には神秘的な生命が隠されている（言語の知識がないと読んでも理解できない。言語といってもラテン語だけでは十分ではない。しかしヘブライ語やギリシア語は聖書を正しく理解するためには不可欠である。さもないと判断を誤ることが起こる。翻訳が間違っていることもあるし、人間的な教えによる歪曲も生じるからである。エラスムスは聖書の権威を重んじるがゆえに、原典研究を重視し、言語研究の必要性を説いた）。

（3）聖書のさまざまなテキストはそこに内在する教義的な複雑さがあって、それが多面的なものであっても、すべてを中心としてのキリストに還元させることができる。

（4）聖書本文に対する冷静な霊的な釈義を実行すべきである。

（5）聖書解釈という釈義の仕事は特定の方法にもとづいて行ない、弁証論を濫用させてはならない。

これが神学の初心者にエラスムスが呼びかけた勧告の内容である。それは恐らく神学研究の基本的な勧告であるが、決して初歩的な内容ではなく、神学の基礎となる根本的なものである。これを土台にして初めて堅実で揺るぎない神学が確立されうると彼は主張した。そこで次に彼の神学方法論の幾つかの特質をあげてみたい。

エラスムスの聖書神学の特質

エラスムスが聖書を重んじる基本姿勢には、当時の神学に対する彼の批判が隠された意図として潜在していた。彼は聖書を原典に即して研究することによって現実の教会を改革するという意図をもっていた。その際、彼は人文主義者らしく聖書原典に帰ることによってキリスト教の根源を明らかにし、教会の歴史の中で形成されてきた教義を批判的に検討しようとした。ここには新しい学問を復興させた人文主義者としての革新的な精神と手法とが隠されている。しかし彼は本質的には中世のスコラ神学で試みられたような、キリスト教思想を組織的に構想する教義学者ではない。それゆえ教会の個々の教義を取りあげて信仰の源泉である聖書から批判的に検討しているのではない。そこには教会とキリスト教社会の現実、人間の罪の現実に関心が絶えず寄せられており、中世スコラ神学が目指した理路整然たる教義体系よりも、いわばもっとも単純で素朴な聖書の教えが「福音書のキリストの全体像」(第2章)に詳細にして、かつ、分かりやすい仕方で提示されており、無意味となった空疎な教義体系に対する批判が看取される。

このように聖書を読むためには、単純な心とその準備となる知識が必要である。そこでエラスムスの聖書神学の特徴点となっているものをいくつか取りあげて考察したい。

(1) 聖書の核心にある神秘の霊的理解

「新しい敬虔」の精神運動の影響を受けたエラスムスには、聖書のなかにはその核心として「神秘」(mysteria)が見いだされるという優れた洞察がある。しかもその神秘の核心部分は理性によって解明されることができないし、その深部には聖霊だけが入ることができる。それゆえ聖霊の導きに従順であることだけが聖書を理解させるに当たって不可欠の前提となる。ここでいう従順とは心を純潔に、かつ、平和のうちに保ちながら、精神をして理解するように渇望させることである。それはまた「不敬虔な好奇心」に惑わされないで、諸々の神秘を敬うことである。この神秘に触れることは、わたしたちが把握できるものによって高められ、霊感を与えられ、改造されることによってのみ実現する。それゆえ人はこのことのほか何ら目的も、願望も、行動ももってはならない。聖霊は内的な教師として自己の行為に服従する人に神秘を把握する能力を授け、その人を高める。それは聖パウロが預言する力と呼ぶ聖書理解であって、人を改造する力をもっているような知識である。それゆえ「あなたの唯一にして第一の目的と祈りは、あなたが変えられ、連れ去られ、あなたが学んでいるものへと改造されるという、一つのことを実行することです」と説かれるとき、そこには神秘な生命力の関与が前提されている（前掲訳書、290頁）。

（2）理性的な弁証論よりも霊感のほうが重要である。

それゆえ理性的な弁証論を濫用しないこと、およびそれを使いすぎないように抑制することが大切である。実際、理性的な議論である弁証論は理性と対立する情念を克服するのに役立つのみならず、合理的な知識をもって本性的に情念を治める。実際、神学的知識は理性的な知識とは異なる秩序をもっている。「神学者というのはその名称を人間的な意見からではなく、神の言葉〔神託〕(a divinis oraculis) から得ています。また神学の大部分は霊感で導かれており、全く純粋な道徳がないと、それに近寄ることができません」（前掲訳書、457―458頁）。

それゆえ神学的知識は霊的であって単なる理性的な弁証論を服従させ、自分の意志にもとづいて合理性に従わねばならない。神学は知識のためにそれ自身の道具を、つまりそのオルガノンとしての論理をもたなければならない。この神学のオルガノンはアリストテレスの哲学的な論理学とは異なっているが、どのようにして両者を混同しないで一致させるかを知るべきである。

(3) 聖書的知識の道具としての方法

では、そのような神学的な道具とは何か。どのようにそれを用いることができるか。これが「方法」(ratio) の扱う問題である。それは聖書のもつ合理的なものに適応されなければならない。この方法は人間的な論理にではなく、霊的な発展に一致していなければならない。この ratio は聖霊が授ける ratio であって、人間の ratio ではない。それはエラスムスによるといわば神学のアプリオリ〔先験性〕なのである。こうして、わたしたちがもっている知識とそれが指し示す実在との一致は直接的に提示される。それは理性的な推論による知識からは区別される。なぜなら理性的な推論による知識では知識と実在との一致が最初から理論的に意図されているからである。

それに対し聖霊の導きに従順になると、人間の理性は発端から霊感を受けて聖書を神の言葉として受容する。そして聖書を霊的な意味で理解しようと努力する場合には、人間の理性はまず初めに聖書を字義的にヘブライ語・ギリシア語・ラテン語で理解するように努めるべきである。もし真剣に神学の研究を志し、研究のために役立つ才能を少しでももっているならば、これら三つの言語を学ぶべきである。このような言語的な知識は聖書をそれ自身に即して学ぶのであるから謙虚なものである。それは受肉した御言と同じ謙虚さをもっている。聖書は実際「神の言葉の人間性と似ている。聖書には今日でもわたしたちに語りかける神の言葉が存在する。このことこそ御言葉の礼拝と崇拝が聖書の字義的意味を尊重する点を含んでいる理由である。聖書には知られるようになった神の言葉がある」(Chantraine, op. cit., p. 241)。

(4) 啓示の媒体としての言語・文法・修辞学

したがって、それを通して神秘が啓示される媒体である言語を理解しないでは、だれもこの神秘に近づくことはできない。そのために、わたしたちは言語自身の不可欠の特質ばかりか、文法と修辞学とが必要であることをも認めなければならない。なかでも古代人たちの学派がもたらした比喩的表現と修辞の本性をも学ぶべきである。わたしたちは古代人の比喩と聖書の比喩とを同一視できない。キケロの雄弁はキリストの雄弁とは相違する。キリストの雄弁はおそらくは「〔文体の〕華麗さでは劣っていても、効果の点ではそれだけいっそう優っている」。また「神学者の職業は細事にこだわる議論よりも心情において成り立つ」(前掲訳書、227頁) がゆえに、生涯たゆまずキリストにしたがって訓練するほうが有益である。それゆえ文法・詩・修辞学は予備学的価値だけしかもたない（本書298頁参照。こうした観察からエラスムスにおける文芸学は美学的ではなく、むしろ神学的である。それは受肉した神の言葉をその対象としてもっている。ここから聖なる言語の見習い期間や文字に対する考慮、テキストの正確な確立も説かれる）。

（5）自由学芸の意味

またエラスムスは、当時の職業的な神学者に共通に見られた自由学芸に対する軽蔑的な態度に反対して、神学における七つの自由学芸の位置を定めようとする。この自由学芸の助けによって精神は、それと自覚しないでも、受肉した御言の神秘に近づくことができる。この学芸によってキリストの歴史とその教えに客観的に近づき、それを学問的に知ることができる。

さらに自由学芸の意義についてアウグスティヌスの『キリスト教の教え』を例としてとりあげながらその重要性を説き明かす。それは神学をめざす若者にとっても論争の武器としても不可欠な教養となっている。さらにオリゲネスのアブラハム物語の解釈の場合を挙げて、そこには黄金の水流が見られるという。それゆえ彼は当時「よい学問」と呼ばれていた「人文学」を推薦し、「もし世俗的な学問にさらに長く関わらねばならないときには、わたしとしては聖書にいっそう近く隣接するものを事実選ぶことでしょう」（前掲訳書、302頁）と言う。これは当時のスコラ神学に対する批判でもあって、スコラ神学者たちがアリストテレスやアヴェロエスの学習に偏っていて聖書から離れていることを指摘している。

（6）聖書の字義的解釈と霊的解釈

キリストの教えを聖書の中で見分けるためには、物語形式の中に見いだされる字義的意味に優っている意味を発見しなければならない。そのためには言葉とそれを語っている人とを、またキリストとその贖罪の行為とを関連させる必要がある。また、どのように言葉がキリストの人格から出ているか、人格が言葉にとって内的なものであるかを考察することも必要である。これが比喩的解釈であって言葉の霊的解釈がなされる。これに関しては後述する。

（7）物語（fabula）の神学

エラスムスはその神学を福音書のキリスト論で展開させている。しかもその方法は、『新約聖書の序文』における「方法論」では使われていなかったものである。それはfabula（物語）であって、ドラマにおける作戦計画のようなものであり、次のように語られる。「わたしたちが〔新・

旧』両方の聖書を熱心にひもときながらいわばキリストの物語の全体がもっている素晴らしい領域と調和を考察するならば、少なくない利益がもたらされます。その物語を彼はわたしたちのために人となることによって実現なさいました」（前掲訳書、327頁、芳賀力『物語る教会の神学』教文館、1997年には今日の新しい方法が説かれているが、エラスムスにはすでにその萌芽が認められる）。

この物語は現実の痛ましい葛藤を解消しながら幸福な結末に導かれる。それゆえ「物語」(fabula) の観念は「総合的である。それは普遍的なシンボリズムと宿命としての歴史を結合する」(Chantraine, op. cit., p.275) とも言われる。この物語によって普遍的なものと個別的なものとを保存しながら、言語の抽象的な普遍性と歴史の具体的特殊性を結合することが可能となる。それは神と人との仲保者として、また人間に関わる神の歴史の中心として、受肉した神の言葉を省察するに適している。しかしエラスムスはこの考えをこのような可能性を示唆することなく用いている。

エラスムスの神秘神学

エラスムスはキリストを活ける生命として捉えようと努めてきた。そこには単に理性によっては把握できない霊的な神秘が探求されてきた。わたしたちは続けてこの点を次の三点から明らかにしてみたい。

(1) 神秘とは愛である

一般的に言ってキリスト教の神学思想の内容は信仰と愛から成立している。これに関して彼は「キリストはとりわけ、また、絶えず信仰と愛という二つのことを教えています。信仰は自分に信頼しないで、わたしたちの信頼のすべてを神におくように助けます。愛はわたしたちがすべての人に貢献するように促します」(前掲訳書、365頁)と語っている。こうしてキリストが説く純粋な信仰とそこから要請される愛の実践を生き生きと論じていく。その際、神の愛は神秘として示される。

それでは神秘とは何か。それは父なる神の言い表しえない愛ではなかろうか。しかも愛のわざはキリストの多様な行為の中に働いている。「キリストは自分に似ていないものがどこにもないように、すべての人にとってすべてとなられました」。事実、この愛のゆえに神の子が人となったのであるが、その場合、愛こそ、御言が、肉となることによって自己との不等性によって害を受けずに、アイデンティティを確立できる。つまり愛によって御言が自己を変化させて人となったのであるが、そこには御言が愛によって一人の人にまで降る謙虚によって愛の原理が示される。だからキリストが神性と人性とを、両者を混同しないで、そのペルソナにおいて統一させるのも愛である。また愛によってキリストはその使徒的な宣教を自覚した。彼はすべての人にすべてのものとなることによって、万人を自分に引きつけ、異なった宗教によって分離した人々を彼の内において再統合させた。それを可能にするのも愛である。要するに愛によってキリストはご自身を与えるために各人の進歩の状態にご自身を適応させるのである。そのように与えることによってご自身と神との一致のうちに人々を父なる神に引き寄せたもう。

こういうのが聖書の比喩的な言語のうちに啓示された神秘なのである。この神秘は歴史や字義的な意味において明瞭となるが、同時に比喩のヴェールのもとに隠されている。「キリストの神秘が俗人たちや不敬虔な人々に覆われ、かつ、隠されたままであることを彼が意図していたにせよ、そうなのです。だが、そうは言ってもその間に信仰の篤い探求者に理解される望みが妨げられないように願ってのことです」(前掲訳書、395頁)。

(2) 聖書解釈の方法

中世以来「聖書の四重の解釈」(字義・比喩・転義・類比による解釈) がおこなわれてきたが、なかでも比喩的な釈義は比喩的な言語に応じており、そこからその釈義の規則が生まれた。それは理解の二つのレヴェルから成っている。すなわち（1）字義的もしくは歴史的意味と（2）神秘的もしくは霊的意味である。後者はさらにエラスムスが受容するのを欲しなかった四重の解釈にしたがって、比喩・転義・類比に分割される（前掲訳書、491頁）。こうして歴史的意味から霊的な意味へ、字義的意味から霊的意味へ移ることとは、比喩的解釈を実行するために字義的解釈を捨てたり退けたりすることを意味しない。むしろそれは歴史における字義的な意味の中に見いだされる神秘を明らかにしようとし、それによって聖霊の働きを認識することを意味する。これこそ歴史的にして字義的な意味が霊的もしくは神秘的意味の土台であるという理由である。他方、霊的で神秘的な意味は歴史的で字義的な意味を理解する原理である。つまり霊的な意味の中に字義的意味が見いだされる。このことが字義的にとられると馬鹿らしく感じられるものが、単なる字義的で歴史的な意味では考察されえないということの理由である。彼は言う、「しかし、わたしたちは比喩的解釈に立ち帰るべきです。なぜなら全聖書はそれによって成立しているからです。これによって永遠の知恵はわたしたちに、片言のようにではありますが、語っており、このような細心の注意を〔聖書に〕向けないと、とりわけ旧約聖書の諸書においては有益な大部分が読者から逃げて行くでしょう」（前掲訳書、415頁）と。

『真の神学の方法』に展開するエラスムスの神学思想は、神秘そのものである父なる神の言い表しがたい愛の神秘がどのような神学的方法によって把握されうるかということである。神はご自身を御子イエス・キリストを通して授けたもう。これによって人が神を知るようになしたもう。同様にこの神の愛に応えて自分自身を返礼として神に与えることなしには、神を捉えることはできない。まず、神はご自身を全面的に与えられ、引き渡し、賜物を授けたもう。それに対し、神が与えたもうた仕方にふさわしく、自らの知識を改造し、知識の対象を構成しなければならない。知識自体が神によって啓示されるのである。この贈り物としての知識は人間の合理性の形式が付与されることによって価値が高まるのではない。それゆえアリストテレスやその他の哲学者に由来しない学問である新しいオルガノン（道具）が必要である。知識自体が贈り物であって、これ以外には与えられたものを知る手段はない。それゆえ、こういう知識に加えて字義的な釈義には理性や心の訓練や清めが必要である。それゆえ理性や自由学芸の必要は理性的な要請ではなくて、贈り物において与えられるものの溢れるような豊かさから派生している。したがって、それは霊的な意味自体によって要請されており、その中にそれ自身の合理性が洞察される。

（3）神秘的な超越としての信仰

終わりにエラスムスが説いている神秘的な超越としての神学の基礎にある信仰について述べ

ておきたい。エラスムスの神学の基礎には『エンキリディオン』や『痴愚神礼讃』で説かれた根本思想があって、それは「目に見えるものから見えないものへ」という超越の思想として述べられた。したがって彼の神学の基礎には、わたしたちの目を地上的事物の諸価値から天上的なものに向けさせていく信仰の超越が説かれている。ここには人間的な価値を根源的に変革する信仰の働きが認められる。こうした信仰を確立するための学問的方法論が聖書解釈としての神学に要請される。

このような神学のための予備的段階として、プラトンとかストア派やペリパトス学派の哲学の研究も意味がある。しかし、その研究は、それ自体としての価値をもっているにしても、そのような研究自体がわたしたちの目的ではなく、天に心を向けていくための神学的目的の手段として意味があると認められる。そこにはキリストの教えや生活を受け入れて、それに従っていくという信仰のわざが主導権を握っている。したがって単純な信仰が要請される。人間的な計画や判断の基準は、しばしばわたしたちを誤らせるし、ときにはキリストの教えに違反する場合すらある。それに反し単純な信仰は人間的判断を超える際の力となる。

それゆえ神学によって得られる真の知恵は、人間の判断を越えているが、誠実で温和なものである。この点をエラスムスは、ヤコブの手紙3・13―18にもとづいて「真に神学的な知恵は何よりもまず純粋であると言い、それから慎み深く、平和をもたらし、わかりやすく、憐れみと善い実に満ちており、偏見がなく、偽善的でもない」（前掲訳書、290―291頁）と主張する。

このようにしてエラスムスは神の恩恵に対してすすんで応答する信仰の主体性を神との関係の中でも説いている。この応答的な信仰は彼の『自由意志論』の根底に置かれているものである。それをもって彼は晩年にルターと論争し、自らの神学思想をいっそう大きく展開するようになる。

〔談話室〕 物語神学とは何か

『真の神学の方法』の特徴はその議論がキリストに集中しているということに求められる。この書の中でわたしたちはルターのパウロ主義と全く相違した叙述の方法に出会う。それはとりわけエラスムスの「物語神学」に見事に表明される。彼は言う、「わたしたちが〔新・旧〕両方の聖書を熱心にひもときながらいわばキリストの物語の全体がもっている素晴らしい領域と調和を考察するならば、少なくない利益がもたらされます。その物語を彼はわたしたちのために人となることによって実現なさいました」（『エラスムス神学著作集』金子晴勇訳、教文館、327頁）と「またこのキリストは自分に似ていないものがどこにもないように、すべての人にとってすべてとなられました」（同330頁）とその多彩さを強調する。さらにこの物語はキリストの神の国についての「譬話」となって印象深く次のように説かれた。「譬話は教えたり説得したりするばかりか、心情を刺激したり、喜ばしたり、わかりやすくすることに、同じ教えが直ぐに消えないようにそれを心に奥深く刻みつけるのに有効なのです。実際、放蕩を悔い改めた息子を扱った譬話は心に激しく働きかけます」（同395頁）。同じことは創世記の物語でも言われます。「人間の欲望がその機会が与えられると罪へと誘惑しており、人間の情念よりも神の意志に従うべき理性が〔神の意志よりも〕欲望に支配されているかを、簡単に言うと短い快楽でもって生命の破滅が買われていることを、もしあなたがお話しするとしたら、それに加えて情念が必要不可欠であるとの口実にもとに、あるいは何らかの立派な理由を口実にして忍び寄ってきて、欺くことが起こるなら、あなたは創世記〔第2–3章〕の物語を導入するときに優って、聞き手を喜ばせたり、感動させたりすることはないでしょう」（同396頁）と。

彼はもちろんパウロやペトロについても詳しく論じてはいても、やはりそこには福音書のキリストとの出会いが重要視される。そこにはカール・バルトが説いた「キリスト論的集中」とよく似た思想傾向が顕著に認められるといえよう。

バルトは『教会教義学』第3巻2「人間と同胞」の冒頭で人間学について初めには批判的であって、「キリスト論は人間学ではない。したがってわたしたちはイエスの人間性、それゆえ彼の共同人間性（Mitmenschlichkeit）、人間のための彼の存在、またそれゆえ、これらの他者の内に神の像を直接再び見つけるという、究極的で最高の目的を期待すべきではない」（Karl Barth, Mensch und Mitmensch. Grundformen der Menschlichkeit, Kleine Vandenhoeck-Reihe 2,1967, S.3）と主張した。確かに神学的な人間学を終わりには説くようになり、イエスは共同的人間（Mitmensch）のための人間であり、彼の共同人間性は神の意志であって、この人間性の恩恵にあずかるようにわたしたちは定められていると説いた。というのは人間は生まれながら自分の能力で他者のために存在するものではないから。人間とは何かという、人間存在の本質に向けられた問いは、神学的人間学では人間イエスの人間性という原テキスト（primäre Text）から解答され、人間イエスの光に照らされてはじめて、人間が他者を愛しえない罪の深さ、共同体に背を向けた自己中心的生き方、ニーチェのような孤立した人間の問題性が自覚されるようになり、イエスの共同的存在を尺度として人間自身の共同性、他者との共存在が明らかになる。彼は言う、「人間性の基本形式は、つまりイエスの人間性の光に照らされた人間存在の創造にふさわしい規定性は、人間と他の人間との共同存在である」と（op. cit., S.37）。このようにバルトは人間学を初め人間主義的に理解し否定したが、神学的人間学は肯定するようになった。

また解釈学の哲学者リクールは「物語的自己同一性」という概念によって人間にとって意味ある時間と通常の時間とが「物語」によって統合されて形象化されうると主張した（リクール『時間と物語』第3巻、久米博訳、新曜社、１９９０年、448頁）。とりわけ「生活史」（Lebensgeschichte）という概念には「人生物語」が含意されており、一人として同じ人間がいないように、各人が営む人生は一つの独自な物語として語られうると説かれるようになった。こういう人生の物語には抽象的な概念を使って一般化できない生ける体験が含まれており、それが自伝や物語また歴史によって表出される。彼によると人生物語とは物語の筋にほかならず、筋とは出来事の組立てなのであって、筋による組立てが物語の論理を構成し、これによって人間の行為が説明され、理解されるようになる。これが「物語的理解」である。したがって人間とは何かという問いはこうした人生物語によって生活に即して答えられる、と説かれるようになった。

こうしてみるとエラスムスは今日の物語神学の創始者といえるかもしれない。

7 『痴愚神礼讃』は語る

エラスムスの不朽の名作『痴愚神礼讃』は古代人の知恵の精髄を摘出し、時代の精神を諷刺しながら批判した作品で、少しも饒舌でなく、人生の豊かさを適正、流麗、軽快、明朗に描きだしている。自由奔放な空想が古典的厳しい形式と自制によって、全体としてルネサンス的表現の心髄をなしている調和の完璧な姿を表わしているといえよう。

彼はこの書物の中でわたしたちの人生と社会には痴愚が不可欠であって、これを痴愚神の自己礼讃の愚かさを通して語る。だから、痴愚と思われていることが実は智であり、智が逆に痴愚であることを軽妙に摘出される。また、真の知恵は健康な痴愚の中に認められ、うぬぼれた知恵は死にいたる疾病であることが二つながらに説かれる。痴愚を主題とする著作、すなわち、阿呆ものジャンルとしてすでにセバスティアン・ブラント(Sebastian Brant, 1457-1521)の有名な『阿呆船』(Das Narrenschiff)が先行しているが、エラスムスも流行の主題に取り組んで、現代社会の矛盾と幻想を批判した。
この著作でエラスムスは3種類の痴愚、つまり「健康な痴愚」、「純粋な痴愚」、「宗教的な痴愚」について語る。

健康な痴愚について

まず人生と社会にとり不可欠な要素である「健康な痴愚」について考えてみよう。エラスムスは人生がお芝居であって、人生喜劇の仮面を剥ぐ者は追い出されるという。

役者が舞台に出てきて、その役を演じていますときに、だれかが役者の被っていた仮面をむしり取って、その素顔をお客さんたちに見せようとしますよ。こんなことをする男はお芝居全体をめちゃめちゃにすることにはならないでしょうか。また、こういう乱暴者は、石を投げられ劇場から追い出されるのが当然ではありますまいか。……幻想が破り去られてしまうと、お芝居全体がひっくりかえされます。いろいろな扮装や化粧こそが、まさに、われわれの目をくらましていたからです。人生にしても同じこと、めいめいが仮面を被って、舞台監督に舞台から引っこませられるまでは自分の役割を演じているお芝居以外のなにものでしょうか。そのうち舞台監督は、同じ役者に、じつにいろいろ雑多な役をやらせますから、王様の緋の衣をまとった人間が奴隷のぼろを着て、また出てまいりますね。あらゆる場合が、要するに仮装だけなのでして、人生というお芝居も、これと違った演じられかたはいたしませんよ（『痴愚神礼讃』渡辺一夫、二宮 敬訳、世界の名著、94頁）。

エラスムスはこの人生劇場の多種多様な姿の中に痴愚が、愚人の役を演じなければならないことが、必要であることを説いていく。また、痴愚の妹分たる「自惚れ」が人間の行動を推進する力になっていることも説く。「自惚れという人生の塩を除き去ってごらんなさい。演説家は弁舌をふるっているうちに熱がさめてきますし、音楽家の奏でる調べは退屈になってきますし、役者の演技はやじり倒されます。……他人の喝采を博したいなら、めいめいがいい気になって自惚れ、自分がまっ先になって自分に喝采を送ることが肝心要、どうしても必要なことなのですよ」（前掲訳書、84頁）。このように述べてエラスムスは痴愚神に自分の存在理由をつぎのように語らせる。

要するにこのわたしがいなかったら、どんな集まりもなく、どんな楽しく安定した結縁《けちえん》もありません。皆がお互いに幻を作り合うこともせず、お互い同志のペテンや追従もなく、賢明にも目をつぶるというようなこともなく、結局のところ、痴愚の蜜をやりとりしてお互いにまるめ合うことがなかったとしたら、人民はその領主様を、下男はそのご主人を、侍女はその奥方を、生徒はその先生を、友人はその友人を、妻はその夫を、使用人はその雇い主を、同僚はその同僚を、主人はそのお客を、そう長いあいだがまんしていられるものではありますまい（前掲訳書、83頁）。

このような痴愚女神に支配され、瞞《だま》されることは不幸であると哲学者は言うが、この抗議に対し、誤まるのは「人間らしい人間」であり、「あるがままの人間でいて不幸なことはなにもありますまい。……なぜなら、痴愚は人間の本性にぴったり合っているからですよ」（前掲訳書、100頁）とエラスムスは反論している。しかし、彼は愚かさという人間の限界をとび越えて、人間であることを忘れて、至高の神々に成り上ろうとしたり、学芸を武器にして自然に挑戦する「純粋な痴愚」に対し、諷刺するのみならず直接非難する。もちろん、軽い喜劇の筆致を失なわず、神学者、修道士、司教、枢機卿、教皇、また君主と廷臣への批判は、露骨な冒瀆と不敬におちいらず、たくみな詭弁の綱渡りをしている点、さすがに無類の芸術作品であるといえよう。

純粋な痴愚について

『痴愚神礼讃』の第二部でエラスムスはさまざまの身分や社会階層への批判という伝統的テーマを扱っている。彼は愚かさという人間の限界をとび越えて、人間であることを忘れて、至高の神々に成り上ろうとしたり、学芸を武器にして自然に挑戦する「純粋な痴愚」に対しては、これを間接的に諷刺するのみならず、直接に非難もする。たとえば教師、詩人、雄弁家、知識のつまった本やつまらない本の著作家、法律学者、弁証家、自然哲学者、神学者、修道者、君主や廷臣、教皇、枢機卿、司教など、社会的な知的エリートの代表者の誰も容赦されない。痴愚神の語り方は、第一部よりも一貫性のないものになっている。第二部の終わりに、礼讃があやうく風刺になってしまうところだったという言葉がでてくるのは、理由のないことではない。痴愚神は他の神々のところに居を定めて、上から地上の芝居を観察しようとし、ときには確かに距離がとられる。例えば自然哲学者たちが、風変わりで、全く物を知らない山師として批判される場合などである。かつてピュタゴラスであった雄鶏は言う、「人間というものは、生物のなかでもいちばん悲惨だが、その理由は、どの生物もその本性の分限に甘んじているのに、人間だけがその分限を超えようと努力しているからだ」と（前掲訳書、104頁）。それゆえ哲学者たちも「自分が生まれたことを忘れ去り、至高の神々に成り上がろうと望んだりしますし、巨人族を気どり、学芸を武器として自然に宣戦するのです」（前掲訳書、同頁）と揶揄される。さらに教師もまた慇懃無礼に扱われる。確かに「彼らぐらい哀れで、惨めで、神に見放された人々を思い浮かべることができない」と語って、この種の人たちへの同情がかすかにみえるが、痴愚神は教師の自惚れが気になる。この自惚れのおかげで「愚かな母親や単純な父親を操って、自分が自分で思っているとおりの人間だと彼らに信じ込ませるのです」。教師は、自分が有能な文献学者だと思われたいのである。

話題が神学者、修道者、高位聖職者のことに及ぶと、痴愚神は自分の役割を逸脱してしまう。この部分は1514年の改訂に当たって大幅に書き加えられた。そこには宗教改革の気運が高まり、批判的な態度が鮮明に表現されるようになったことが示される。距離がすべて取り除かれる。嘲笑と茶目っ気が怒りと憤りに屈している。あるいは痴愚神が今やエラスムス自身に彼女の席を譲らなければならない。

まず槍玉に挙げられているのは神学者である。このような「傲慢で怒りっぽい」連中は、避けて通るほうが確かによいのではあるが、彼らが非難されているのは、とりわけ探求しがたい神秘と取り組んで、馬鹿げた問いを出しているからである。「神は女性や悪魔や驢馬やカボチャや砂利の形をとることができるのか？　そのときカボチャは、説教したり、奇跡を行なったり、十字架につけたりすることができるのか？」（ASD IV, 3, 148, 402-404 私訳）。これは、数世紀にわたって行なわれてきたスコラ学の方法への分かりやすい批判である。

エラスムスは、新しい世代と古い世代の相違をはっきりと指摘する。

神学者たちのなかにも教養のある人々がいて、彼らは自分たちの考えによるとばかげているこのような神学の細かい区別立てに嫌悪感を抱いています。追究されるよりは崇拝されるに相応しいそのように神秘に満ちた対象について、あのようにべらべら喋ったり、これを異教徒の低俗の巧妙さで議論したり、思い上がった概念規定を作ったり、聖なる神学の崇高さをあのように冷たい、そしてみすぼらしい言葉や考えで汚したりすることは、神への冒瀆であると弾劾し、そこに敬虔の欠如をみている人たちもいます（前掲訳書、144頁）。

この観点から神学者に向けた非難が次のようになされる。「彼らが聖書をまるで蝋の塊のように思うままにあれこれ捏ねているとき、彼らがどれほど幸福であるかおわかりでしょうか」（ASD IV, 3, 154, 490-156, 491）。神学することの新しい形ではテキストや文法にそれ自身の価値が与えられる。

このように彼はスコラ神学をすでにそのばかげた問題提起のゆえに嘲笑していた。今や彼はこの神学に使徒たちを対立させる。彼らはキリストのために世界を、あの知らせによって征服したのではなかっただろうか。彼らはスコラ神学を理解することさえないだろう。「聖パウロはなるほど信仰の生きた模範を示すことができましたが、彼が「信仰は、希望していることを保証し、見えないものを確信させるものです」（ヘブライ11・1）と言うとき、これは全く学者のする定義とはいえませんね。たしかに彼は、愛のわざを立派にやり遂げはいたしましたが、コリント信徒への第一の手紙の第13章に書いてある愛の定義や区別は、弁証学の規則に従ったものではありません」（ASD IV,3,150,423-426 私訳）。

エラスムスは修道士についてはいっそう詳しく語っている。彼らは自分の愚かさを敬虔のしるしだと思っている。托鉢修道士は全くの厄介者である。彼らには服装や生活の仕方についての規定が最も大切なことだと思われるらしい。すべてのことが事細かに定められている。ここでエラスムスは自分の経験から語っている。やがて彼は修道服を脱ぐのであるが、とりわけ彼を怒らせたのは修道司祭の説教であった。神学的に無意味なことを愚かしくひけらかし、馬鹿馬鹿しい作り話に満ち満ちている。粗野で間の抜けた演説に彼は苛々する。終わりになってやっと痴愚神の言葉に戻る。「このような連中がどれほどわたしの厄介になっているか、皆さんお分りでしょう。彼らは少しばかりの取るに足りない儀式、滑稽な茶番劇、大げさな叫び声などで人々を支配し、自分では聖パウロやパドヴァの聖アントニウスのような人間だと自惚れています」(ASD, IV, 3, 168, 670-672　大出訳、154頁)。

しかし最も辛辣なのは第二部の最後の一節である。そこでは教皇、枢機卿、司教や他の聖職者が話題に登っている。すべてが名誉・権力・栄光・権利・華やかさ・虚飾の周りを回っている。書記や写字生や数えきれないほどの役職がある。聖務執行停止や聖餐停止や破門状が投げ付けられる。教皇たちは自分の名誉のために戦争をする。教皇ユリウス2世のことを念頭において「そのなかには老いぼれた白髪頭がいますが、彼は青年のように若々しく力強い。出費にも怯まず、疲労をも物ともせず、何物の前だろうと一歩も退かずに、法律・宗教・平和・世界全体を目茶苦茶にしてもおかまいなしです」(ASD IV,3, 174, 818-821 私訳)と言う。聖職者の上から下まで、一番大切なのはお金である。エラスムスはこれを「金銭の刈り入れ」と呼んでいる。ここでエラスムスが主題を二つのやり方で扱っていることは注目に値する。①まず彼は司祭の衣服の象徴的な意味を議論している。例えば白色の祭服は汚点のない生活、司教杖は民の監督といったように。衣服の象徴的な意味はずっと以前から規定されているものであり、手引書によって一般に知られていた。②他方でエラスムスは当時の教会のやり方を、使徒時代のそれと対比させている。

宗教的な痴愚狂気について

最後の第三部で痴愚神は、その言葉と行動が彼女の権力を証言しているようなもろもろの権威者を数え挙げる。しかしすぐに痴愚神は、キリスト教徒たちにとってはおそらく他の諸々の権威よりも高く評価されるであろう聖書の言葉で自分の礼讃を飾ることの許しを神学者たちに請う。ここで変化が起こる。ここまでは聖書は特別何の役割も果たしていなかった。今や痴愚神は神学者として登場し、ドゥンス・スコトゥス（Johannes Duns Scotus, 1266? - 1308）の霊によって照らされることを望む。実際次に続くのはコヘレトの言葉と箴言、またパウロのコリント信徒への第一の手紙第13章18節に基づいて次の議論が立てられている。「あなたがたのうちに自分をこの世で知恵ある者と思う人がいるなら、ほんとうに知恵のある者となるために愚かな者となりなさい」。

次に途方もない手品が続く。どうして愚か者たちは神に気に入られるのか？　その答えはまず、君主が賢い洞察力のある人間を憎み、愚かな人々と付き合うのを好むのと同じ理由からである。ここでは痴愚神が語っているのだろうか？　その議論を裏返す必要はない。そうではなく続けて次のように言われている。「これと同じくキリストも、自分の賢さに頼っているいわゆる賢人たちを嫌い、彼らを非難しています」と。このようにして自分の知性に頼っている人が、キリストに特に愛されている子どもや女性や漁師と対比されている。大切なのは小さいものであること、信頼して自分自身を委ねること、心配しないことである。イエスが愚かさの象徴である驢馬に好んで乗られたのは偶然ではない。そればかりかイエス御自身が、人間の本性を担われたときに、ある意味で愚かな者となられたのである。エラスムスは次のように結論している。「際限もなくおしゃべりするのはやめにして、簡単に言うことにしましょう。つまりわたしにはこう思われるのです。キリスト教はある種の痴愚と確かに密接な関係にあり、それに対して知恵とはあまり関係がありません。その証拠をお望みでしたら、ごらんください。誰よりも子どもや老人や女の人や愚かな人が、神聖な礼典の行ないをことのほか喜びますし、ただ自然の衝動に駆られて祭壇のそばにいつもいたがるものです」（前掲訳書、183頁）。

このように最後の第3部で痴愚神は、キリスト教徒たちにとってはおそらく他の諸々の権威よりも高く評価されるであろう聖書の言葉で自分の礼讃を飾るようになる。ここで変化が起こっている。今や痴愚神は神学者として登場し、「愚かな者の数は限りがない」というコヘレトの言葉（1・15）と「痴愚は愚かな者を喜ばせる」という箴言（15・12）、またパウロ書簡、とくにコリント信徒への第一の手紙1・18（十字架の言葉は、滅んでいく者にとっては愚かなものですが、わたしたち救われる者には神の力です。）にもとづいて次の議論が立てられる。「あなたがたのうちに自分をこの世で知恵ある者と思う人がいるなら、ほんとうに知恵のある者となるために愚かな者となりなさい」。

このように痴愚神は聖書の言葉を引用し、キリスト教にとって愚かさが重要であることを論証する。十字架上のキリストも自分を処刑する者たちのために「父よ、彼らをお赦しください。自分が何をしているのか知らないのです」と祈った。実際、キリストが罪をあがなうために、「十字架の愚かさ」と「宣教の愚かさ」という二つを手段として選んだ。十字架の愚かさとは、十字架にかけられても神の道を説くという未信者からは痴愚とも思われるような道である。また宣教の愚かさとは無知で粗野な弟子たちを派遣することを指す。キリストは弟子たちをこの世の賢さから遠ざけ、法廷でどう答弁するか思い煩うことすらも禁じた。キリストを信頼しすべて任せることが神の御心であるのだと痴愚神は説明する。

かつてイスラエルの偉大な預言者エレミヤは「人は皆、愚かで知識に達しえない。」（10・14）と述べたことがある。実際、預言者たちは愚かさの遊戯に他ならない人間の生活を眺め、智者の名は神のみにふさわしいということを示した。ソロモンも「知恵が深まれば悩みも深まり、知識が増せば痛みも増す。」（コヘレトの言葉1・18）と語る。パウロでさえ「いかなる人にも勝る愚か者としてわたしは語る」（Ⅱコリント11・23）と愚者の名を自分のものとして受け入れている。さらに彼は「もし、あなたがたのだれかが、自分はこの世で知恵のある者だと考えているなら、本当に知恵のある者となるために愚かな者になりなさい」（Ⅰコリント3・18）とまで述べて、痴愚を勧めてさえいる。事実、キリストは福音書のなかで賢明さを鼻にかけているファリサイ派の人々を嫌い、この世の愚かな者である民衆を選んだ。そして当時社会的弱者であった女子どもや漁師たちを好み、騾馬《らば》に乗って彼らと行動をともにした。キリストは自分に従う者たちのことを「神の小羊」（ヨハネ1・29、36）と呼び、自分がこの群れの牧者であると宣言した。だが「羊」というのはアリストテレスの『動物史』によれば、最も愚かで間抜けな動物である。これは全ての人間が、敬虔なキリスト教徒でさえも愚かであるということを明らかにしている（アリストテレス『動物誌』下巻、島崎三郎訳、１９９９年、岩波書店、121頁）。

一見軽い冗談とも思えるものに深いものが隠されている。痴愚神は「キリスト教はある種の痴愚と血のつながりがあり、賢さとは合致しないように見える」（エラスムス、前掲訳書、183頁）と語る。キリスト教信者が苦労して求めている至福こそ、ある種の狂気と痴愚なのである。なぜならキリスト教徒の幸福とは天の国の生活を意味するからであり、断食が評価されるのも肉体上の煩わしさから解放されて精神が天上の善を味わって喜ぶのに努力するためであるから。普通の人たちは富を第一の関心事とし、次の部分を肉体の快適さに、最後の部分を魂に残しておく。多くの人たちは、魂は目では見分けられないのだから存在しないと信じている。それとは反対に、敬虔な人びとは自分の内の最初のものを神に向かう努力に費やす。その次に神に近く現れるものである魂へと努力を向ける。こうして魂が肉体との絆を断ち切ろうとする点で、キリスト教徒たちは肉体を牢獄とみなすプラトン主義者たちと一致していると痴愚神は指摘する。実際にプラトンが『パイドン』のなかで哲学は「死の瞑想」であると定義しているように、哲学は目に見える肉体的なものから不可視の対象に向けて魂を運び出す。魂が肉体の諸器官を正しく用いているのが健全な状態であるが、それとは対照的に自由を主張して身体という牢獄から逃亡しようとする状態は一般に不健全であると呼ばれる。このことは狂気へとつながるが、プラトンは『パイドロス』のなかで恋人たちの狂気がもっとも幸福であると書いた。つまり、はげしく愛する者は自分のうちに生きるのではなく愛する者のうちに生きるのであり、俗に「われを失う」と言われるように魂は身体から旅立って神のうちに生きようとする。

彼はまずキリスト教とプラトン主義とが魂と肉体に関して一致することを指摘し、魂が肉体の絆を断ち切って自由となろうとする「狂気痴愚」について語る。さらにプラトンの洞穴から出た人の狂乱は囚人たちに嘲笑されるように、敬虔な人間と普通の人間とは全く異なっている。

普通の人間もこれと同じこと。肉体的な物であれはあるはど、すっかり感心してしまい、それだけが存在する唯一のものだと思いこんでいるのです。それとは逆に敬虔な人間は、肉に近いことであればあるはど軽視し、見えないものを観照し、心身ともに恍惚となるのです。……敬虔な人々は、その魂の全力をあげて、粗雑な感覚とはいちばん無縁なものに向かって進んでゆき、粗雑な感覚を鈍らせ、無に等しくしてしまいますが、逆に凡俗の徒は、この粗雑な感覚を大いに活用しますから、それ以外の点では無力になってしまうのです（前掲訳書、185頁）。

ミサ聖祭についても同様です。敬虔な人の申すところによりますと、典礼の外的形態はけっして軽蔑すべきものではないけれども目に見える表象によって表わされているはずの霊的な要素が、これにはいっていないかぎり、外的形態のごときは、あまり役にたたぬばかりか有害でさえある、というのです。ミサは、キリストの死を表わしたものであり、信者たるものは、新しい生命に甦り、だれもかれもいっしょに、主キリストとひたすら合一するために、肉体のもろもろの情念をいわば埋没せしめ、消え去らしめ、これを抑圧しながら、キリストの死を、おのおののうちに再現せねばならないのです（前掲訳書、186―187頁）。……私は今、いくつかの例を述べたわけですが、敬虔な人間は、その生涯全体にわたって、肉体的物象から離れ、霊的で不可見な永劫のものへと飛躍してゆくわけです。ですから、この両者のあいだにはあらゆることについて深い対立があり、どちらも相手から見れば痴愚狂気ということになりますね。けれどもこの痴愚狂気ということばは、私に言わせれば、凡俗の人間よりも敬虔な人々のほうに、はるかにぴったりとあてはまることになるのです。……事実、恋に熱狂した人間は、もはや自分のうちにではなく、自分の愛しているもののうちに心身をあげて生きています。この相手のなかへ溶けこむために自分から出れば出るほど、当人は幸福を感じます。……それに精神は精神で、無限に強い力を持っているあの至高の知恵のなかに吸収されてしまいます。このようにして、人間全体が自分自身の外に出てしまい、もはや自分が自分でなくなること、いっさいを自分に引き寄せる至高の善に従うこと以外には、幸福はないということになります。……そしてこれこそ、この世からあの世へ移っても取り去られることなく、かえって完璧なものとなる、あの痴愚狂気というものです（前掲訳書、186―187頁）。

エラスムスはキリスト教の本質を精神が脱自的にキリストと合一し、情念に死することに見ており、典礼の外的形態を重視していない。したがって、この書物は当時のカトリック教会にとっては挑戦的文書とみなされ、禁書の中に数えられた。

〔談話室〕『痴愚神礼讃』の着想

この時代にベストセラーとなって多くの人々に親しまれたエラスムスの不朽の名作『痴愚神礼讃』は初版が1511年に出され、多くの加筆の挿入をした完成版は1514年にスイスのフローベン社から出版された。1514年11月に出版された『痴愚神礼讃』には、第2部と第3部に重要な付加がなされた。第2部でエラスムスは、構成上の釣り合いのことは考慮せずに、神学者と修道士についての節を拡大した。第3部にも長い付加部分があるが、ここでは改訂はもっと巧みになされた。新しい部分はすべて教会や高位聖職者、特に神学者や説教者に関係しており、この作品はこの版で初めて作品の意図の焦点が絞られたことになる。

この作品は堂々たる格調の高い文章で綴られており、ホメロス、プラトン、ウェルギリウス、ホラティウス、プリニウスなどの古典作家たちからの引用句に満たされている。そのため完成版ではエラスムス自身も加わって解説と出典箇所が示された（『対話集』を例外として、エラスムスの作品でこれほど大きな成功を収めたものは他にはない。彼の生前に出版された『痴愚神礼讃』は、21の印刷業者から36版にのぼる）。彼はこれらの文献から古代人の知恵の精髄を摘出し、時代の精神を諷刺しながら批判し、決して饒舌でなく、人生の豊かさを適正、流麗、軽快、明朗に描きだした。

この作品には自由奔放な空想が古典的な厳しい形式と自制によって、全体としてルネサンス的表現の心髄をなしている調和の完璧な姿を表わしている。彼はこの書物の中でわたしたちの人生と社会には痴愚が不可欠であって、これを痴愚神の自己礼讃の愚かさを通して語る。だから痴愚と思われていることが実は智であり、智が逆に痴愚であることを軽妙に摘出している。そして真の知恵は健康な痴愚の中に認められ、うぬぼれた知恵は死にいたる疾病である。このことが二つながらに説かれた。阿呆もののジャンルに入る痴愚を主題とする著作でエラスムスもこの流行の主題に取り組み、当代社会の矛盾と幻想を批判した。

この書が誕生したきっかけは、これに付けられた献呈の辞で彼自身が語っているように、1509年夏、イタリアからイギリスへ馬で帰る途中、エラスムスはアルプスを越えながら自分の学問研究のことや友人たちとの再会を楽しみたいという待望に浸っていた。そのなかでも第一の友人はトーマス・モアであり、彼のことを考えてみると、その名前「モア」「モルス」(Morus)から、エラスムスは「モリア」(moria　痴愚)を連想し、あの賢明なモアがどうしてこのような名を付けられたのかと、また痴愚がこの世でそれからもっとも遠い人に名前として付けられた理由を考えざるをえなかった。そこで痴愚を礼讃したら書をモアに献呈したら、彼はこのような遊び心が気に入るにちがいないと思った（ASD IV, 3, 67, 2-16）。二か月の旅をしてからエラスムスはイギリスに到着し、モアの家の客となったが、そこで病気になり、気晴らしにこの思いつきの最初の草稿を一週間で書き上げた。二年後にこの小品は、パリの二つの出版社の共同出版の形で世に出たが、あまり反響もなく、誤植の多い印刷だったらしい。

だが、このように『痴愚神礼讃』は最初遊び心で退屈を紛らわすために生まれのであろうか。エラスムス自身は一見するとこの作品にあまり重きを置いていないように装う。彼はそれを「遊び」、「冗談」、「ふざけ」だと言った（ASD IV, 3, 67, 14: 68, 23）。とはいえこのような表現の背後には真剣さが認められる。彼がこの作品を弁護するとき強調したのは、「遊びの仮面」の下に『エンキリディオン』と同様の真剣な思想が隠されていることであった。彼はホラティウスの言葉「笑いながら真理を語る」を想起して、痴愚神を登場させることによって道化師の役割を演じさせた。つまり彼は自己の真剣な思想に皮肉な覆いを被せて言い表わしたのである。そこには軽い喜劇の筆致をもって厳しい批判を巧妙に隠し、神学者、修道士、司教、枢機卿、教皇、また君主と廷臣への批判が、露骨な冒瀆と不敬に陥らず、たくみな論弁の綱渡りを展開させる。このことでそれは無類の芸術作品となった。しかも痴愚神の自己礼讃という形でそれが面白おかしく展開する。それゆえ、痴愚神が痴愚を礼讃すると、痴愚は痴愚を越えて反転し、どこで肯定が否定になるのかもはや見当が付かなくなる。たとえばこう語られる。「皆さん、拍手してくださいましたね。皆さんのうち誰一人として、この意見を分け合うほど賢明な、あるいは愚かな、いえいえ賢明な方はいないとわたしは知っていましたよ」(ASD IV, 3, 81, 177-178)。

『痴愚神礼讃』は当時のカトリック教会を痛烈に批判したエラスムスの代表作として有名である。彼自身教会に忠実な立場をとり続け、この作品を批判したマルティン・ドルピクスには次のような書簡をおくり、自作を弁明した。

また、わたしたちは、たとえ道筋は異なろうと、『痴愚神礼讃』のうちにおいても、他の仕事と異なることは何一つ見出すことはありませんでした。……わたしたちが欲したのは助言することであって、噛みつくことではありませんでした、傷つけることではなく、役に立つことでした、人間の習俗を反省することで、妨害することではありませんでした。あれほど厳しいプラトンも酒宴では少人数の招待客に対していつもより羽目をはずすのを許しています。というのは、峻厳さによっては正すことのできないいくつかの悪戯も酒の上の陽気さで追い散らすことができると彼は判断しているからです。そしてホラティウスもまた、まじめな助言に劣らず冗談めかした助言も役にたつと評価しています。彼は言っています、笑いながら真実を語ることを何が禁ずるだろうか?」(エラスムス『痴愚神礼讃――附 マルティヌス・ドルピウス宛書簡』大出 晃訳、慶応義塾大学出版会、218頁)。

エラスムスは痴愚を人間性を象徴する表現とすることによって、人々の知的好奇心を刺激し、古代人の生き生きとした人間模様を再現したといえよう。著名な文化史家ホイジンガはこの作品を次のように評価する。

「現代の読者にとって、『痴愚神礼讃』の意義は、大部分その直接の風刺にある。その永続的な価値は痴愚が智であり、智が痴愚であることを真に認める箇所である。エラスムスは一切のものの根拠がいかに究めにくいかを知っている」(ホイジンガ『エラスムス』宮崎信彦訳、ちくま学芸文庫、2001年、126頁)。

8 『対話集』とはどんな作品か

16世紀と17世紀のヨーロッパでは『対話集』(エラスムス『対話集』金子晴勇訳、知泉書館、2019年)がエラスムスのもっともよく愛読された作品であって、彼の生涯を通して絶えず攻撃されたものでもあった。ソルボンヌの神学者の間でも『対話集』は猛烈に攻撃され、無傷なものは一つもなかった。またルターも激しくこれに反論を加えた。ドミニコ派のアンブロシウス・ペラーグスはエラスムスとは親密な間柄にあったが、エラスムスに次のように書いている。

わたしはあなたの意図に反対しようとは思いませんが、多くの人が誓っているように、あなたの対話集で若者の大部分がいっそう悪くなることが少なくとも真実であるなら、その成果を残念に感じます。若い人たちを訓練し、若い人たちの間で言語の知識を促進する、別のもっと適した方法を考えることが実際できたでしょう。権威ある神学者たるものは、とりわけそのような悪趣味な冗談にまで転落すべきではないでしょう（Augustinji, Erasmus, His Life, Works, and Influence, p. 161 からの引用）。

この考えにルターも同意している。1533年にヴィッテンベルク大学で『対話集』の序文が攻撃の的になったとき、彼は言った。「わたしは臨終に際し、エラスムスの『対話集』を読むことをわたしの子どもたちに禁じるであろう。というのは彼は他人の口に信仰と教会に衝突する彼の不敬虔きわまる見解をつぎ込むから。むしろ彼にわたしと他の人たちをあざ笑わせよう」（Luther, WA, Tr.I, 397, 2-5）と。これは強烈な感情の表現であり、激しい憤怒の表出である。ルターにはエラスムスの偉大さが全く理解できなかったとしか考えられない。

わたしたちはこうした問題作の成立事情をまず述べておきたい。この作品『対話集』はとても単純な思いつきからはじまった。16世紀の初めにエラスムスは貧乏な青年として生活していた。彼は生活の資を得るために裕福な家の若人たちにラテン語を教えていた。この仕事は若人にラテン語の必要な知識を得させる最善の方法を彼に考えるようにさせた。このことは長ったらしい文法の学習では無理であって、むしろ教師と生徒との生き生きとした対話によってはじめて実現すると彼は悟った。この方法はまだ知られていなかったので、エラスムスは自己流にはじめた。その後20年経った1518年にエラスムスが知らない間に出版元のフローベン社からこの当時口述された対話形式の練習帳が出版された。エラスムスはこれに不満であった。多くの誤りがあったからである。彼はこれが売れることが分かったので、改訂版を作ってルーヴァンから出版した。この版もよく売れた。人気があった理由は簡単であって、そこにはたとえば挨拶の多様な仕方やある人の健康について尋ねる正しい方法、またあらゆる種類の親族関係のラテン名や正しいラテン語と正しくないラテン語の実例などがあがっていたからである。つまり、とても実用的な手引きであったからである。実際、こういうことが当時は重要であった。教養ある若人にはラテン語の命令文の受動形の知識が必要であったばかりか、それを実際に使う能力も求められていた。エラスムスは7歳か8歳の子どもがラテン語を学びはじめることができるように、また教師は最初から多く使われる語句を暗唱することによってよいラテン語を授けなければならないと想定した。子どもらは楽しんで学び、模倣によって容易に学ぶことを彼は知っていた。この点で彼の方法は独創的であった。

1522年には改訂版が出され、会話の単純な心得の部分は最初に置かれ、二人の対話形式でもってさまざまな主題について論じられる内容となった。さらに改訂が続けられ1537年までに新たに11の項目が加えられた。最終的には48項目となった。これによって人気がいっそう高まると同時に多方面から激しい批判が寄せられた。対話は生き生きとした展開をもって続けられ、長文のものが含まれていたにもかかわらず、それらも16世紀には余り冗長だとは感じられなかったようである。千差万別な人物が登場し、恋愛・結婚・旅行・宗教・政治など、社会生活のさまざまな面について語り合われた。登場人物にはいわゆる高貴な青年、着飾った市民の妻、詮索好きな聖地ガイドに導かれた巡礼、修道会の代表者に付きまとわれる死者、哲学者の石を探す錬金術師、取引にたけた男と何も知らない先生、性病に感染した老いぼれと結婚させられた若い婦人などである。失敗作もあるがその数は少ない。話し手はどれも典型的な人物であって、決して陳腐ではない。驚きがときどき挿入される。幼児は登場しないが、青年と婦人が多く登場し、時代の慣習に反してまことに多弁であり、能弁である。聖職者たち、とりわけ修道士と托鉢修道士は、ほとんど例外なく悪い仕方で振る舞う。それはさまざまな批判が飛び交う卓上座談のようなものである。ここに展開する批判は腐敗と堕落が付き物の特権階級、つまり社会で重要な地位を占めていた教会とその奉仕者に向けられた。中世とは異なってエラスムスとその同時代人は教会の組織を自明なものとしてもはや受け入れず、その外に立ってそれに攻撃を加えたので、宗教の神髄を攻撃しているように考えられた。

1526年2月フローベン書店から『対話集』を増補改訂した新版が出され、このときから

『日常会話文例集』(Familiarum colloquorum formulas et alia quaedam, 1518) という表題から『対話集』(Familiarum colloquorum opus, 1526) に改題された。そのラテン語の題名の意味は「日常会話の作品」で以前の題名と余り変わっていない。ここには新たに4編の新作が加えられた。この時期にはすでに彼は自由意志論争のゆえにルター派から別れ、やがてルター派からもカトリック教会からも等しく批判を受けるようになった。だが、それでも彼は、どちらの派にも属さず、厳正な中道を歩み続ける。したがって彼は依然として時代批判をこの作品でも書き続けながら、キリスト教的人文主義の姿勢を堅持している。

しかも教会批判を含んだ社会風刺は、『対話集』の改版が進むにつれて、次第にその鋭さを加えていく。そこにはさまざまな題目が付けられた対話が展開し、一種の皮肉な処世訓のほかに、社会のあらゆる階層の人々に見られる痴愚と狂気の姿が、対話という自由な叙述形式によって冷徹にも突きつけられ、そこには時代批判と諷刺がいっそう鋭く明瞭に感じとられた。だが、今日から見ると対話には人間に関する豊かな洞察が盛り込まれており、わたしたちは優れた人間知が披瀝されていることを理解できる。だが、宗教的な寛容の精神に乏しかったがために、カトリック教会からは異端の書として告発され、禁書とされた。

『対話集』は『痴愚神礼讃』よりも遥かに文学的で多彩な喜劇的短編集であるといえよう。だが、そこには時代の急激な変化が影を落としている。『痴愚神礼讃』は「光明」の時期における陽気な戯作書と呼ぶことができるとすれば、『対話集』は、「暗闇」の時期にいたっても衰えないエラスムスの批判精神が衰えていないことを証明する諷刺書と呼びうるであろう（渡辺一夫『世界の名著：エラスムス／トマス・モーア』1980年、34頁）。この時代にはルターとの論戦が始まっており、彼は1524年の『自由意志論』以来ルターおよび宗教改革派の陣営からはあたかも裏切り者のごとく非難され、カトリック教会の側からも依然として異端者の匂いの濃い人物のように見られていた。それにもかかわらずエラスムスは、教会の道徳的な頽廃を批判し続け、教会の自己粛正を願った沈痛な努力を『対話集』でも継続している。

それゆえ、わたしたちは『対話集』の中で、真剣であれ、冗談であれ、どのような役割においてでも、彼の発言の中に彼の本来の姿であるキリスト教人文主義の精神が見事に結晶している点に注目すべきである。そこでこの点を四つの作品を通して紹介してみたい。

「敬虔な午餐会」について

この作品は1522年版の『対話集』にはじめて加えられた。そのときはこの対話の一部分に過ぎなかったが、その後にかなり改訂が加えられて同年の夏頃に完成版が出版された。

この対話編の魅力は少なからずそのセッティングにあるように思われる。この対話では多くの友人たちが都市の郊外にある、よく設計された美しい庭のある家に集まったことが述べられている。ルネサンス時代にはこうした家と庭園での生活が対話的な作品の背景として一般に設定されていた。古典的な例としてはホラティウスのサピーネの農場とかキケロのトゥスクルムにあった別荘などが有名である。こうした文学における事例をエラスムスはよく知っていたが、現実にもそういう庭園を知っており、イギリスの友人たちもそうした庭園を建設する計画をもっていたようである。たとえばチェルシーにあったトマス・モアの家は1523年になってから購入されたし、コレットは引退後にリッチモンド近郊のシェーンのカルトジオ会修道院（カトリック教会に属す修道会で、ケルンのブルーノを創始者として十一世紀フランスに発生した。）に山小屋を立てる計画を進めていた。実際の別荘と庭園に関しては、エラスムスがよく逗留したバーゼルには、印刷業者フローベンの庭園があって、そこではバーゼルとその近郊に住む何人かの人たちが常に集っていたと考えられる。というのは1522年にはバーゼルの人文主義者たちは未だ分裂していなかったからである。この対話編で描かれているエウセビウスの家の内部は、ある点で、エラスムスの友人でコンスタンツの大聖堂付き参事会員ボッツハイムのヨーハンのものとよく似ている。エラスムスはそこを1522年の10月に訪ねて客となっている（Allen, Ep. 1343, 336-354; CWE, Ep.1342,392-390.）。

この対話でエラスムスの芸術的な力量と卓越した才能や説得力をさらに訴える力は発揮されている。対話の巨匠はここで対話によって多様な思想を表現し、登場人物の性格によって諸々の意見を示唆し、展開させる。その冒頭の部分は客人とともに読者を気楽にくつろがせるようにさせている。心から歓迎を受けた後、客人たちは家や庭を見て回る。それから昼食のご馳走のもてなしを受け、その間に暇に任せて重要で、ときには深遠な主題について討論する。その後、彼らは意味深いおみやげをもらい、お屋敷の他のところを見せてもらってから、解散する。

対話の全体をとおして真に迫った統一性と一貫性が見られ、そこには他の対話に見られるような揶揄・冗談・諷刺といったエラスムス的なルネサンスに特有な叙述は見あたらない。対話にはプラトンやキケロの対話編を偲ばせるような文学的な卓越性が認められるばかりか、古典文化とキリスト教との統合というヨーロッパ的な主題が見事に展開する。それこそエラスムスにおいて開花したキリスト教的人文主義の真髄である。しかもその統一は単なる二文化を折衷するような混合ではない。宗教こそ彼の主たる関心事であって、キリストが目には見えないが主賓となっている。こうしてこの午餐会はキリストの聖なる晩餐を想起させるものとなった。

この長大な対話編においては古典文化とキリスト教信仰の関係が追求され、世俗の作家と聖書の間に絶対的な対立はなく、人間的な言葉とキリストの言葉との間には根本的な相違はない。たとえば客人の一人が聖パウロの言葉の意味について語った後、死に赴かんとする大カトーの次の言葉を引用する。「わしは、わが家からではなく旅の宿から立ち去るようにこの世を去る。自然は……仮の宿りのために旅籠《はたご》をくださったのだから。魂たちの寄り集う彼の神聖な集まりへと旅立つ日の……何と晴れやかなことか」（『対話集』、65頁）。これに対し「もっと敬虔にキリスト教徒から何を聞くことができるでしょうか」と付言される。これに他の客人がソクラテスの言葉を加える。「人間の魂は身体の中に陣営にいるように置かれており、最高指揮官の命令なしにはそこを立ち去るべきではないし、その部署につかせたお方によしと思われるよりも長くそこに滞在すべきではない」（前掲訳書、67頁）と。このことはこの身体を幕屋と呼んだパウロやペトロの言葉と完全に一致するので、次のように語られる。「キリストがわたしたちに求めていることは、他でもないすぐにでも死ぬかのようにわたしたちが生き、かつ、目覚め、いつまでも生きるかのように善きわざに励まねばならないということではないでしょうか」（前掲訳書、68頁）と。これに対しソクラテスの死別の言葉が引かれ、それよりもキリスト教的な人間にふさわしく一致するものはないと付言される。すると客人の一人が即座に次のように応答する。

それは確かにキリストも聖書も知らなかった人における賛嘆すべき精神です。ですから、わたしはそのような人についてそうしたことを読むときには、聖なるソクラテスよ、わたしたちのために祈ってください（Sancte Socrate, ora pro nobis）と、どうしても言わざるをえません、と（前掲訳書、69頁）。

この箇所はエラスムスのキリスト教的人文主義の特質を遺憾なく表現している。そこには古典的な古代とキリスト教との総合が説かれており、その点はすでに『エンキリディオン』では明瞭に「どこであなたが出会うにせよ、真なるものはすべて、キリストのものであると考えたまえ」とキリスト教の立場から語られていた（『エラスムス神学著作集』金子晴勇訳、教文館、32頁）。ソクラテスが体現する異教の叡智は、キリスト教徒の狂信よりもキリスト教的だと、思われたからである。エラスムスは異教徒をキリスト教徒にすることなしに、神に関する何かが人間の言葉を通して到来すると考える。そこにある強調点はむしろ神の霊の普遍的な活動にあって、それは一般に理解されるよりも広く捉えられている。このことこそ「聖なるソクラテスよ、わたしたちのために祈ってください」と語られている真意であって、それは「聖母マリアよ、われらがために祈りたまえ」という祈祷をもじったものであると邪推され、当時の人々はそこに異教時代の哲学者ソクラテスに祈りを捧げるエラスムスの無信仰や古代への心酔を見て、彼を非難した。しかしエラスムスの真意は、キリスト教の精神からする当時の知識人への宣教であったと思われる。

この対話編にはエラスムスの宗教改革における聖書を重んじる基本的姿勢、それに伴われた論争の実体、平信徒の役割、キリスト教的な敬虔の内実、古典文化とキリスト教の総合などが見事に説かれていると思われる。

魚売りと肉屋（魚料理）

この対話（13、『対話集』230頁以下）は1526年の改訂版にはじめて『対話集』に加えられ、全体を通じてもっとも長い作品であり、扱っている内容も多岐にわたって重要なものであって、それだけもっとも多くの非難を浴びた作品でもある。それのドラマティックな性質と真剣さは魚売りと肉屋のどちらにエラスムスが立っているかは慎重に考察すべきであることを警告する。この対話の主題のひとつは、カトリック教会のレント（復活祭前日までの46日間から日曜日を除いた40日間の斎戒《さいかい》期間）の断食の掟をめぐって、宗教改革とともに白熱化した論争にある。そこでは大斎と小斎の規定があって、大斎は一日一回の食事、ほかに一定の軽食が許されるが、地方により特に厳格な断食を課する場合は、パンと水と塩と干した果物のみという例もある。小斎も肉と肉の加工品の食用を禁じるが、卵や乳製品（バターなど）は許される。一年を通じて毎金曜日は小斎を守るべき日とされ、復活祭に先だつ四旬節中は大切に守るべく定められていた。そのほか大小斎をとくに守るべき一定の日が指定されている。なお、肉とは混血動物の肉をさし、魚や貝は含まれないが、ドイツの諸都市においては宗教改革成立後にいたるまで金曜日に鮮魚の販売が禁じられていたところが多い。この魚屋は塩漬けの魚売りである。

対話は魚売りと肉屋の間で交わされる。魚を食べてからあまり経たないうちに全体で九人が死んだことを肉屋が責めても、魚売りは商売に不慮の出来事は付き物とばかりに、全く無頓着な様子でその袖で鼻をぬぐいながら肉屋の前に立っている。彼は教会がいつか魚を食べるのを禁じるであろう、それだけが彼の商売を助けることができるのだ、と希望するほどに抜け目がない。肉屋は対話をリードするが魚売りは馬鹿ではないから、二人とも一般人であっても、鋭い主張を提示する。そこから双方から議論は円滑に展開する。主題はもちろんレントの断食とそれに関連した魚の食事である。この食事はエラスムスの確信によれば毎年死の際《きわ》にいたるまで彼のところにもたらされる。会話は当然教会の命令に関わっている。神学の議論が一般に分かるような言語に翻訳され、日常生活の中に議論の出発点が求められた。どうしてキリスト教徒は昔のユダヤ人よりもさらに厳格な律法でもって悲しまねばならないのか、といったように、エラスムスはやさしく書くように努めている。登場人物は普通の人で、生活程度が低い階級のように思われるが、聖書を読んでいたり、ドミニコ会修道会と交渉があったりする。魚売りがエラスムス自身のパリでの大学生活を論じ、健康のために肉や卵を断食の日に食することが許されているのに、嫌いな魚を食べるのを嫌がる場面が出てきたりするので、そこに彼自身の意見も近いのではないかと思わせる。ここに展開するエラスムスの議論は新しく、世界も新しく、古めかしいものではない。対話する二人の知的な富は教会からもたらされているが、キリスト教をその地に導入する布教の試みは見いだされない。ここで強調されるのは、キリスト者であるとは信仰と愛を意味しており、寄せ集めの規則ではないということである。ある箇所で肉屋は教会における法王と司教の法律のすべては結び付いているのではないかと尋ねる。答えは然りである。しかしこれはあまりにせっかちな主張であるように思われる。というのは、ある法王の決定はその後継者によって廃止されたことがあるから。エラスムスは『エンキリディオン』や『真の神学の方法』で総じて「儀式」を厳しく攻撃しているが、儀式の中でも断食の規定が具体的にこの書では論じられているのできわめて興味深い内容となっている。またフライブルクでの経験が言及されているのも重要な伝記的叙述であるし、イギリスとイタリアのレントの習慣が叙述されたり、パリのモンテーギュ学寮や学寮長のジャン・スタンドンクに対する批判など貴重な資料となっている。

肉　屋　そうするとペトロは新しい掟を作成する権限をもっていたのか。
魚売り　彼はもっていた。
肉　屋　パウロもまた他の使徒たちと一緒にもっていたのか。
魚売り　ペトロがキリストによって任せられていたそれぞれの教会においては権限があった。
肉　屋　またペトロの後継者たちもペトロ自身と同じ権限もっているのか。
魚売り　どうしてそうではいけないのですか。（前掲訳書、262頁）

大胆な会話はなお続けられ、法王の法と司教の法との間に権威に関する区別があるかどうかについて探求が続けられる。このとき突然次のようなびっくりする問いが肉屋から出されて泡のような議論を撃破してしまう。「高位聖職者の統制がそんなにも高い価値があるなら、どうして主は申命記にある律法にだれも何かを加えたり、取り除いたりしてはいけないと厳格に禁じられたのか」（前掲訳書、263頁）と。魚売りはこれによって窮地に追い込まれることなく、それは律法の手直しの問題ではなく、ときの状況にもとづいていっそう広くかいっそう厳格に説明するかの問題なのだ、と言う。しかし、肉屋は自分の考えに固執する。それでは解釈のほうが律法よりも権威があるのか、と彼は反論する。魚売りがこれを理解できなかったので、彼はそれをさらに明らかにする。「もっとはっきり言おう、神の法は両親を助けるようにわたしたちに命じている。ファリサイ派の解釈によると神に捧げられるものはすべてこれ、おのが父に与えられるものなり、ということになる。なぜなら神はすべての人の父であるから。神の律法はこの解釈を認めないのか」（前掲訳書、264頁）。

それに対して魚売りが「それは確かに間違った解釈です」と答えたが、肉屋は「しかし解釈の権威がひとたび彼らの手にわたされた後には、だれの解釈が正しいかをわたしたちはどうして論じることができますか。とくに解釈者たちの間に意見の相違がある場合にはなおさらです」（前掲訳書、264頁）と主張する。肉屋は司教たちの言葉に耳を傾けるように忠告されるが、それでもって満足しない。神学博士らに従うようにとの忠告も歓迎されない。彼らは時折有名人たちより愚かであり、教養ある人たちは決して彼らに同意しない。終りに魚売りは次のようなソロモンの意見を述べる。「最善の解釈を選び、説明できない問題は他の人に残しなさい。そのさい主人や普通の大多数の人たちによって承認された見解を採用しなさい」（前掲訳書、265頁、Erasmus, Colloquia ASD I-3 507: 441-510: 532 Thompson Colloquies 327-9）と。わたしたちは今日でも、こういう話題に直接関係している人々がどんなに熱心にこのような議論を読んでいるかを想像できる。それも理由がないわけではない。研究者は中世後期時代に行われた議論がここに反響していることを容易に見いだすに違いない。たとえばヴェッセル・ガンフォートの教会の権威に関する論文がこの対話集の作品の後しばらくして出版されている。

エラスムスは1526年に出版された『対話集』の新版に弁明を付加しなければならないと感じた。その中で彼はこの作品の性格について次のように言う、「ソクラテスは哲学を天上界から地上にもたらしたが、わたしはそれをゲーム・非公開の会話・酒飲み仲間にまでもたらした。というのはキリスト教徒の真の楽しみには哲学的な香味料が添えられていなければならないからです」（Erasmus, Colloquia ASD I-3 746: 179-81 Thompson Colloquies 680）と。後代の多くの人たちは彼に感謝することでしょう。このような「真の楽しみ」についてとくに解明したのが『対話集』の最後に書き加えられた「エピクロス派」（前掲訳書、393頁以下）である。

「エピクロス派――ヘドニウス、スプダエウス」

1533年の『対話集』改訂版に初めて収録された。『対話編』最後の作品として注目に値する。

他の多くの『対話集』と同様にこの作品も一つの問いでもって始まる。次いでこの問いに対するエラスムスの解答が記される。問題は諸々の善悪の「目的」に関してである。実際「目的」はラテン語では同時に「終わり」を意味するので、このテーマは『対話集』全編の結論にふさわしい論題である。ここには初期の対話集に見られたような軽快さや陽気さが、もしくは軽薄さがもはや見られず、わたしたちが彼から期待する適切さ・愛想の良さ・格式ばらない態度といった本来のエラスムスの姿が表明されている。この作品に登場してくるエピクロス派のヘドニウスはいつものエラスムス的な確信と言葉でもってスプダエウスを説得しようと試みており、もし幸福主義が、エウダイモニズムのギリシア語の意味にふさわしく、「良き神の賜物」であるならば、キリスト教はエピクロス派やストア派に優る幸福の源泉であり、真の快楽の仲立ちであると説かれる。

では、そもそもエピクロスの快楽説とはいかなるものであったのか。彼はヘレニズム時代の哲学者であって、当時支配的であったアリストテレスよりもはるかに厳しくプラトンと対立し、エロース説についても「反プラトン」の大立者となった。プラトンがエロースを神から授けられた賜物とみなしていたのに対し、無神論者でデモクリトス的原子論に立つエピクロスは、エロースを「狂気と苦悩の伴う性の快楽の激しい衝動」とみなし、知者の平静心を乱す敵として攻撃し、アリストテレスと同様に友愛（フィリア）をエロースより優れたものと唱導した。これはわたしたちの予想に反する特質である。わたしたちは快楽主義というと無軌道な放蕩無頼《ほうとうぶらい》な生き方を考えやすいが、彼の説く快楽はそれとは全く異質なものであることを知らなければならない（『エピクロス——教説と手紙』出隆・岩崎忍随訳、岩波文庫、72頁参照）。

古代の快楽説は節度を保った知者の主張なのであり、ここで説かれている「素面の思考」は冷静そのものであって、プラトンの詩人的感動を冷徹にもしりぞけ、その少年愛などもきっぱり拒否している。同様にエロースに対する彼の理解も卓越しており、たとえば「見たり交際したり同棲したりすることを遠ざければ、恋の情熱は解消される」（前掲訳書、90頁）と彼は言っている。また先の区分にしたがえば性欲は自然的だが必須なものではないがゆえに、これを作為的に過度に刺激しなければ、これなしにも生きられるわけで、エロースに対するわたしたちの観念の中にこそ病が潜んでいる。したがって感性的な快楽を説いても心身に苦痛をもたらす程に過度となることを知者エピクロスは批判していた。

次に当時の一般的な理解について考えてみたい。エピクロスの快楽説はストア派の禁欲主義と対立するものとして理解されていても、ストア派の哲学者キケロはさまざまに解釈することができる思想家であった。そこでエラスムスは処女作の『現世の蔑視』以来キケロをキリスト教的に解釈する視点を導入した。その際、エラスムスはキケロの『善悪の目的』（De finibus bonorum et malorum）に注目し、ここから古代の古典的精神を汲み出した。「エピクロス派」の中でストア派と逍遥学派の倫理学について簡潔に言及されているが、中心的な主題は、エピクロス派の幸福主義に意味があるとしたら、キリスト教は「エピクロス的」であるか否かという問題である。

エラスムスが扱う問題点は直接的な快楽が唯一の善であるというアリスティッポスから受け継いだエピクロス派の典型的な教えだけである。そして対話者のヘドニウスによって初めのところで「敬虔な生活を送っているキリスト教徒に優ってエピクロス派である人たちはいない」（『対話集』（前出、400頁）という主たる命題が提示され、対話をとおしてこれが弁護される。それゆえ、わたしたちはこの命題が「真の」快楽は徳であり、正しさであるという同意にもとづいていることを学ぶことになる。現実のキリスト教はもっとも正しく生きることを教えており、善の規範がエピクロス派では快楽であるがゆえに、キリスト者は真のエピクロス派でなければならないとの結論に達する。

ところでエピクロス派は「放蕩者」「好色家」「不敬虔者」と同義に理解されてきたので、こうした要求についてスプダエウスが疑問を懐いたのは当然である。15–16世紀においてはエピクロス主義は哲学者たちや他のスコラ学者たちから注目されていた。そして快楽説の功罪についてはそれまで断続的に論じられている中でロレンゾ・ヴァッラの対話編『快楽について』（De voluptate）が最初の大作であって、その表題は１５３３年以降は『真の善について』（De vero bono）に変更されているが、内容に変化はなかった。この著作は対話形式によって人間の本性について論じ、本性が徳により癒されなければならないが、この世の悪に関してはストア派の嘆きをもってそれを叙述した。

次いでヴァッラはエピクロスが人生の目的を道徳的な美徳にはなく、快楽に求めており、その快楽が有用性に一致していると説いた。最後に彼は人間における真の善として天上的な快楽を挙げてキリスト教を擁護した。彼はストア派、エピクロス派、キリスト教の三者の道徳説を論述しているが、ストア派やエピクロス派の概念が古代におけるそれと一致せず、用語が厳密さを欠いている（クリステラー『イタリア・ルネサンスの哲学者』佐藤三夫監訳、みすず書房、42―50頁参照）。

さらにエラスムスの同時代人であるトマス・モアは『ユートピア』（１５１６年）のなかでエピクロスとエピクロス派という言葉を用いていないが、真の快楽に従う生き方を幸福の条件と見ている。ユートピア人たちは「快楽を擁護する学派の立場」に傾いており、モアは言う、「こういう原理は宗教的なものでありますが、彼らはそれでも人は理性によってそう信じ、認めるようになると考えている」（モア『ユートピア』沢田昭夫訳、世界の名著「エラスムス、トマス・モア」中央公論社431―433頁）と。快楽のなかでも肉体的な快楽の代わりに人間性と善意の義務を行う「大きな快楽」を果たす者には「終わりを知らぬ歓喜をもって報いてくださる。……徳さえ含めてすべてわれわれの行為は、究極的には快楽を目標ないし幸福とみなしている」（前掲訳書、434頁）と説かれていた。

エラスムスは快楽がこれまで間違って考えられており、「エピクロス派」という言葉も正しく使われてこなかったことをまず指摘し、敬虔な生活こそ真実な意味での快楽であると説き始める。こうした敬虔な生活は心に苦しみがないことであって、この点ではエピクロスと同様な見解が述べられているが、最大の苦しみは「やましい良心」に求められる。この点ではルターの基本的な主張と一致している。しかし、エラスムスはルターと相違して「偽りの快楽」と「真の快楽」とを区別する。「快楽の妄想や影にあざむかれて、精碑の真の快楽をなおざりにし、本当の責め苦を自分に招き寄せている人々が思慮あり賢明であるとあなたにはいま思われないのですか」（エラスムス、前掲訳書、406頁）。そこで「真の善を享受する」ことこそ賢明な人であり、神の内に真の善を求める敬虔な人こそ真に「快適な生」を生きていることが力説された（同406頁）。したがって慈しみ深い神を所有している人がまことに富んでいる人であって、そのような保護者をもっている人は何も恐れることなく、死をも恐れない（同135頁）。神とともにある快楽こそ最大の快楽であって、肉体の快楽はあっても小さなものに過ぎない。このように語ってからエラスムスは対話の結論として「もし快適に生きている人がエピクロス派の徒だとすると、清純にかつ敬虔に生きている人たちよりもいっそう真実にエピクロス派の人はいないことになります」と説いている（同424頁）。

ルターはエラスムスと宗教改革に関しては共通理解をもっていたが、相違した宗教生活の出発点をもち、神の怒りと死の経験から神学思想を確立した。この宗教的に厳しい経験から福音の真理が追究されたがゆえに、エラスムスの「エピクロス派」を取りあげ、徹底的に批判している（ルター『生と死の講話』金子晴勇訳、知泉書館、76―78頁）。そこには宗教に関する基本姿勢が問題になっているがゆえに、エラスムスとルターの対決点が明瞭に示されている。

[談話室] エラスムスの『対話集』との出会い

人生にはさまざまな人との出会いがあるように、未知の本との偶然な出会いもあります。わたしが若いときドイツのマールブルク大学の学生だったころ、有名なお城に隣接した学寮の友人たちとアウシュビッツ強制収容所の見学を兼ねてポーランド旅行を経験しました。わたしが友人のエッカルト君と一緒にワルシャワの町を散策していたとき、偶然古書店を見つけたので入りました。そのときエラスムスの『対話集』に出会ったのです。この本を彼に見せると、序文を見てこれは初版本ですと彼は言って、わたしを驚かせました。この本は岩波文庫よりも小型で、表紙が牛革で出来ており、672頁もの大冊本には金粉が施された美装本でした。エラスムスの時代にはまだこの種の製本の技術はなかったはずでしたから、それは間違いで、本当は革の表紙に1693年とあるように17世紀のものでした。ところでわたしがこの本を実際に読んだのはその後3年経った学生紛争のさ中でした。その頃、学生たちは大学教師を罵って、「専門馬鹿」と呼ばわっていました。そんなとき手にして読み耽ったのは文学ジャンルで「ばかもの」に属するエラスムスの『痴愚神礼讃』でした。そこでわたしは学生たちは「専門馬鹿」ではないかと感じました。この本には『対話集』の抄訳も入っていたので、その翻訳のおかげで読むことができたのです。

その頃、わたしはルター研究に没頭していたのですが、同時にエラスムスの魅力にも惹かれていたので、ルター研究が一応完成すると、直ぐにエラスムスの研究に入り、初期の大作『エンキリディオン――キリスト教戦士必携』の翻訳をはじめ、その完成後には『対話集』、『新約聖書の序文』、『真の神学の方法』の順に翻訳に取り組んでいきました。しかし、この『対話集』という著作は大作なので、最初に「敬虔な午餐会」（原題は直訳すると「宗教的な饗宴」）を訳し、次いで「エピクロス派」を完成させたに過ぎませんでした。この二つの翻訳は大学の紀要と学会誌に発表したのですが、その他の対話には手が及びませんでした。しかし大学を退職した後に翻訳の時間ができたので、エラスムスの『格言選集』と『対話集』の翻訳に力を注ぎ、最晩年になってようやく後者をも完成させることができました。この翻訳の仕事は一時中断されましたが、開始からはほぼ35年かかったことになります。

この著作は読んでくださると直ぐお解りになるように、とても楽しいものです。当時の学者たちがどうしてこの本を嫌悪し、攻撃したかがわからないほどです。恐らく一般の民衆には歓迎されたのに当時の宗教家たちには気にくわなかったからでしょう。しかし読み直してみると、当時世界を支配していた教皇、司教、司祭、修道士、また皇帝や兵士の行状を厳しく批判していますが、この批判は単なる批判ではなく、むしろ正しい生き方を修得させるためのものだったことがわかります。わたしたちはエラスムスが当時の支配層の間違った態度や傾向に逆らって、彼らの誤りを指摘したり、兵士の愚かさによって平和の尊さを諭したり、更生した青年を娼婦と対話させてキリスト教信仰に導こうと伝道している姿を描いている点に注目すべきです。彼は古典文学の復興者にして、同時に優れた文章家であっただけでなく、実に熱心な教育者でもあったのです。この教育家は当時の人文学の頂点を極めた学者であっただけでなく、民衆の心に迫る愛の実践家でもあったのです。

9　エラスムスの女性観──『対話集』に登場する女性たち

このエラスムスの『対話集』には多くの女性も登場している。そこに彼の女性観が浮き彫りのようにあざやかに描かれている。そこには人文主義者としての彼の姿が垣間見られる。こうした女性観は当時の好敵手ルターとはかなり相違したものではなかろうか。その中でもとりわけ注目を惹く女性像を取り上げて見よう。

修道院長と教養ある女性──アントロニウスとマグダリア

この対話は1524年3月のフローベン版で初めて『対話集』に加えられた。ここの登場する修道院長はフランチェスコ会の司教であったヘンリ・スタンディシュであると想定されている。この司教はヘンリ8世の宮廷説教者の一人であって、エラスムスをしつこく批判した意志の強い論争家であった。エラスムスも彼を嫌っていた。その名前アントニウスは「ロバ」を含意し、愚かさを象徴しているが(『格言集』LB, II, 571E-572A)、そういう人物は多数いたからそれが誰に当てはまるのかを特定するのは困難である。たとえば「魚料理」に登場するスタンディシュもこれに当てはまるが、彼は保守的ではあっても、無知でも愚かでもない。それに対してマグダリアはトマス・モアの長女マーガレット・ローパーがモデルとなっていると言われる。というのもその他にはエラスムスが知っている教養を身につけた女性はなさそうだからである。

人文主義は古典語教育によって人間らしい教養を身につけることをめざしていた。したがって、それが言語と教養について問題にするのは当然の要求であって、その精神によって「修道院長と教養ある女性」が作成されたといえよう。この点を念頭に置いて初めてこの対話は理解されるであろう。まず、修道院長が女性の部屋に書物がいっぱいであるのに興味を覚え、しかもその書物がフランス語の本ではなく、ラテン語とギリシア語の本であることに気づいて対話がはじまる。しかもこの対話の終わりには、女性が神学校を支配し、教会で教え、司教の冠を付けるようになると修道院長を脅かしている。この対話に登場する修道院長は愚かさの典型で、狩りや宮廷生活、飲酒と下品な娯楽・お金・名誉を愛している。彼は女性が高貴で、洗練され、教養があって、家事を営み、子どもを育てることがその仕事であることをわきまえている。この二人の間に悲劇的な対決が生じやすくても、この危険をエラスムスは避けるように按配する。

まず修道院長は身分の高い女性が暇を紛らわすために何かすることがゆるされると尊大に語りだす。それから次のような会話が続く。

マグダリア　あなたはとてもお年寄で、修道院長にして宮廷人ですのに高名な婦人たちの家で書物を見たことがないのですか。

アントロニウス　見ましたが、それはフランス語で書かれたものでした。ここでわたしが見るのはギリシア語とラテン語のものです。

マグダリア　フランス語で書かれた書物だけが知恵を教えるのでしょうか。

アントロニウス　だが、余暇を楽しく過ごす書物のほうが高名なご婦人方にはふさわしいのです。

マグダリア　高名な婦人がただけが賢くなって楽しく生きるのが許されているのですか。

アントロニウス　賢くなって楽しく生きることは間違った結びつきです。賢いのは婦人らしくない。楽しく生きることが高名なご婦人方の生き方です。

マグダリア　良く生きることはすべての人のすべきことではないのですか。

アントロニウス　わたしもそう思う。
マグダリア　良く生きない人がどうして楽しく生きることできますか。
アントロニウス　いや、そうではない。楽しく生きる人が良く生きているのです。
マグダリア　それでは、あなたは楽しく生きてさえいれば、悪く生きても良いと認めるのですか。
アントロニウス　わたしは楽しく生きている人が良く生きていると信じております。

（『対話集』金子晴勇訳、知泉書館187―188頁）

こうした会話は全編を通して展開し、いつも対立した仕方で双方から意見が提示される。よく生きるのはよい時間をもつことか、それともよい時間をもつことがよく生きることか。修道院長は快適な生活が最高善であると熱心に論証しようとする。それゆえ彼は所属する62人の修道士に学問することをゆるさない。どんな本も独房にもってきてはならない。それは彼らを反抗的にするからだ。それゆえ彼自身一冊の本ももっていない。女性たちは糸巻き棒に人生の終わりまで関わるべきであって、それ以外は無意味である。書物は知恵をもたらさない。これに反して女性は人がよく生きることによってのみよい時間をもちうると考える。こうしてこの対話は一つの大きな誤解を生むことになる。修道院長は女性の議論を少しも理解できないし、自分の答えがいかにナンセンスであるかも理解していない。「あなたはそんなに鋭く論じるので、わたしを詭弁家のように撃ちます」と彼は叫ぶだけである。男性としての自尊心が、両者の役割が転倒していることを理解させようとしない。修道院長は、あらゆる点で女性に劣っている。『痴愚神礼讃』と同様に、女性が真実を明らかにするまでは外観と現実とが転倒している。

結婚生活――エウラリアの話

この作品は1523年フローベン社版の『対話集』に初めて発表され、その表題は「結婚生活」であったが、その後「がみがみ女房」が追加された。その意味は、この対話に登場するクサンティッペこそ悪妻の代表とされるソクラテスの妻の名をもっており、悪妻ぶりを発揮するが、その対話の相手のエウラリアは、トーマス・モアの妻であると考えられる。というのもモアがとても辛抱強い夫であったことは、エラスムスの手になるモアの伝記と一致するからからである（書簡 IV, 18. 167-71 参照）。モアは妻のジェイン・コルトと1505年に結婚し、エラスムスは1505―6年に彼の家に何カ月も滞在している。彼女の友人対する二番目の忠告「夫を侮辱すると、あなた自身の名誉を傷つけますよ」は確信をもって語られているが、古典古代以来の結婚手引き書にはよく掲載されている警句である。プルタルコスや、クセノホン、ヒエロニュムスなど多くの人たちがこの対話に貢献している。それはエラスムスの読者たちには親しまれた人たちであった。だが、ときには彼は言い間違えて「夫たちが悪いのはほとんどわたしたち〔妻〕の責任なのよ」とあるが、「敬虔な午餐会」では「妻たちが良くないのは、時折わたしたち自身の落ち度に由来します」と言われる。

なお、クサンティッペによって象徴される女性は、中世ヨーロッパ物語のヒロインであるグリゼルダがモデルとして考えられる。彼女についての物語はよく知られており、彼女はおとなしく忍耐強い妻としてその夫の不実を忍耐して堪え忍んだばかりか、模範的な忍耐でもって夫の愛情を回復させたという。

次に紹介するのはこの対話編にエウラリアの話として挿入された二つの物語であって、最初の物語では聡明な女性像が、次の物語では賢明な夫の理想像が描かれている。

(1) 博学な貴族と少女との結婚生活

エウラリア　わたしが親しくしている人の中に博学でとても機転の利く貴族がいます。彼は17歳の処女と結婚しておりました。彼女は田舎のご両親の家で育ってられました。狩猟や捕鳥のために貴族たちは大抵田舎に住むのを喜んでいます。彼は自分の生活の仕方にいっそう容易《たやす》くなりうる自然のままの彼女を望んでいたのです。彼は彼女に文学や音楽を教えはじめ、説教壇で聞いたことを報告するように徐々に習慣づけ、他方で、その後将来役立つものを教えました。ところがこの花嫁はというと、それまで自分の家で全くのんびりと召使いたちのおしゃべりと遊びごとの中で育ってきたので、このやり方にうんざりし出したの。彼女はその要求に従うことを拒絶しました。ご主人が説き伏せようとすると、いつまでも泣き続け、ときには地面に身を投げ出し、後頭部を床にぶっつけ、死にたいと思ったりしたの。そのようなことがいつまでも続いたので、彼女の夫は苛立ちを隠して、妻の心を和らげようと田舎の舅の家に行こうと誘ったの。それには奥さんは喜んでしたがったのです。そこに到着すると夫は妻をその母と妹のところに残して、自分は義父と一緒に狩りに出かけたんです。誰にも目撃されないところで、自分は妻と楽しい生活を望んでいましたが、今では妻がいつも泣いてばかりで、その身を苦しめており、どんな忠告にも耳を貸さないと、詳しく語り、あなたの娘の欠点が改造されるように助けてくださいと嘆願しました。すると義父はこう答えたの。わたしは娘を一度あなたに委ねたのだから、あなたの言うことに従わないなら、ご自分の権利を行使して、鞭で打って娘を懲らしめなさい、と答えたそうよ。すると婿殿は「わたしは自分の権利のことは分かっています。しかし、このような極端な矯正手段に訴えるよりも、あなたの技巧とか権威でもって救ってください」と申し出たのです。義父は自分が引き受けましょうと約束されました。それから一日か二日して自分の娘と二人だけで話す時と所を捉えると、恐い顔をして語りはじめたの。彼女が不器量で愛らしい仕草がなく、夫のなる人は見つからないのではと、いつも心配していたのだ。「だが、このわたしはとても努力して、どんな幸せな娘でも望むことができないほどの人をお前のために見つけたのだ。それなのにお前は、わたしがお前のために尽くしたことを認めもしないし、お前がそんなによい夫をもっていることを理解していない。彼がとても優しい人でなかったら、お前は女中とみなされてもやむを得ないのに、お前は彼に反抗しているのだぞ」。長い話はやめれば、父親の話は今にも手を挙げてしまうほど熱が入っていたのですよ。というのもこの方の天性は絶妙なものでして、仮面を付けないでも、どんな喜劇でも演じることができるのです。そこで、一つには恐くなり、一つには本当なのだとかき乱されて、父親の膝に駆け寄り、これまでのことをお忘れになり、今後は自分の為すべきことを忘れませんから、と懇願したそうよ。父親は彼女を赦し、彼女が約束したことを守るならば、自分の一番優しい父親になる、と約束したのです。

クサンティッペ それからどうなったの。

エウラリア 娘は父親との話が終わって、部屋に戻ってみると、夫は一人でいるのに出くわしたの。彼女は夫の膝元にひれ伏して言ったのよ。「あなた、わたしはこれまであなたのことも、自分自身のことも知りませんでした。これからは別人となりますから、これまでのことをただ、お忘れになってください」と。ご主人はこの声を口づけでもって聞き入れ、その気持ちを続けるなら、何でもするよと約束したそうよ。

クサンティッペ 何、彼女はその約束を持ち続けたの。

エウラリア 死ぬまで守りましたわ。どんなつまらないことでもご主人が望むことでしたら熱心に、かつ、喜んで行いましたわ。この人たちの間に生まれた愛はこんなにも強固なものでした。何年か経った後に娘はこのような夫に嫁ぐことになったことを自分は感謝している、とよく言っていました。もしこのことが起こらなかったら、わたしは女の中で全く不幸な人でした、と彼女は言ってたわ。(前掲訳書、121―123頁)

（2）浮気な夫を矯正させた婦人の話

エウラリア　その男の方はかなり高い貴族の家柄の人で、この種の人たちがよくやるようにしばしば狩りに出かけていたそうです。田舎に行ったとき、あるとても貧しい女性の家の娘さんと出会ったの。その人はもうかなり年取った人なのにその娘に恋い焦がれてしまったのよ。そんなわけでしばしば外泊していたの。狩りを口実にしていたのよ。その方の奥さんはとても誠実な女性ですが、何かおかしいと気づいて、夫のひそかな恋を突き止めてみたのです。どうやってかは知りませんが、それがうまくいってあの田舎の小屋を訪ねたのです。そして全力を尽くして夫がどこで眠ったか、どんな場所で酒を飲んだか、どんな食器であったかを探り出したのです。ところがそこには家具など一つもなく、ただ貧しいだけでした。

奥さんは一度家に帰ってから、快適で豪華なベッドといくつかの食器を携えてすぐに引き返してきました。それにお金も添えて彼が戻ってきたらもっと丁寧にもてなすように勧めました。その間に自分が彼の妻であるのを隠して、妹であるかのように装ってね。

それから何日かして夫が密かにそこに再び現れ、家具が多くなり、みごとな食器を見たの。彼はどうしてこの珍しい調度を用意したのかと尋ねます。彼の親戚だという立派な奥さんがこれを運んできて、これからもっと礼儀に適って接待するように命じた、と聞かされたのです。

夫はすぐにこのことは妻の仕業であるとの疑念を懐いたのです。家に引き返すと、あそこに行ったのかと尋ねます。彼女はそれを否定しないの。いったい何を考えてあそこに家具を送ったのかと尋ねました。彼女は言ったの、「あなたはもっと満ち足りた生活に慣れておいでてでしょ。あなたがあそこで粗末にされているのが分かったの。あなたにとってそんなに大切なのでしたら、あなたがそこではもっと豪華に扱われるようにするのが、わたしの務めであると考えたのよ」と。

クサンティッペ　まあ何ともお人好しの奥様ですこと。わたしならベッドの代わりにイラクサとアザミの束を敷いてやったでしょう。

エウラリア　でも終わりまで聞いてよ。その人、奥様のこれほどの誠実さ、これほどの大きな寛大な心に気づいたので、それからは秘密の浮気など止めてしまって、家にいて奥様と楽しく過ごされました。あなたはオランダ人のギルベルトゥスを知っておられるよね。

クサンティッペ　知っています。
エウラリア　ご存知のように彼は青年時代にもう年取った、それも更年期に入った人と結婚しました。
クサンティッペ　妻ではなくて、持参金目当てだったわ。
エウラリア　そのとおりよ。奥さんに嫌気がさして、すぐその後よそで楽しく過ごすために女に夢中になっていたのよ。家で食事するのはごく稀でした。こんなときあなただったらどうしたでしょうか。
クサンティッペ　何をですって。わたしだったらすいている女の毛髪を引っこ抜いてやったわ。夫が女の所に出かけていくなら、〔溲瓶《しびん》の〕小便をひっかけてやったわ。そのようにひっかけるのは二人の食事にお誂え向きの香水よ。
エウラリア　しかし彼女はもっと賢明でしたわ。その愚かな女を自分の家に招待して、愛想よく歓待したのよ。こうして夫をも魔法にもかけたりしないで家におびき寄せてしまったの。また夫が外で彼女と食事をするときには何か上等のお料理を彼の所に届けて、楽しく過ごすように指図したのよ。
クサンティッペ　夫に女を取り持つなら、死んだほうがましだわ。

エウラリア　でも、ちょっとの間、事柄そのものを考えてください。夫が冷酷になって彼女を遠ざけ、一生の間喧嘩して過ごすよりも、このほうがずっとよかったのではないですか。（前掲訳書124―125頁）

青年と娼婦――ルクレティアとソフロニウス

1523年に8月のフローベン版に最初掲載される。悔い改めた娼婦の物語は『教父の生涯』、『黄金伝説』、『砂漠の師父』などに収録された長い文学的系図があって、エラスムスがどれに依拠したかは確定できない。もちろん往古の原典は当然のことながらエラスムスによって芸術的に新しくされている。ドラマティックな光景としてこの対話は全体として近代風に設定されている。この対話編では青年は年齢において婦人に近く、古くからの知り合いである。お得意さんと言うところか。ソフロニウスがエラスムスの新約聖書の翻訳のことを述べたとき、ルクレティアもそれを「敬うべき人たち」からその評判を聞いたことがあるという。この返事はエラスムスの役割への冷笑的な冗談ではない。エラスムスの『マタイ福音書注解』の序文には注解の仕事が「娼婦や女衒《ぜげん》」をも含むすべての読者に聖書の知識をもたらす試みとして語られている。ふしだらであるとの批判に対してエラスムスは繰り返しこの対話を弁護し、それが青年に対する純潔の予防措置であることを主張した。

ルクレティア　どこからわたしのところへおしゃべりさんがやって来たのかしら。

ソフロニウス　もしよければこのことも考えてくれ。この美しい青春、好色漢どもを君に惹きつける、美しい青春も短い間に萎んでしまうことでしょう。そうしたら、惨めな君はどうするのか。君よりも卑しい肥やしの山が何かあろうか。君は娼婦から売春宿の女将になる。そんな地位だってみんなに届くものではないし、届いても、それより極悪な何があるというのだ。それよりも悪魔的な悪徳に近いものが何かあろうか。

ルクレティア　わたしのソフロニウス。あなたの言っていることはみな、ほとんどあたっているのよ。でも、どこからそんな新しい神聖な教えはあなたのところに到達したの。いつでも全く無能なほら吹きであったのに。だれもあなたよりも繁く、もしくは時ならぬ時にやって来る人など一人もいなかったのよ。あなたはローマに行ったって聞いたわ。

ソフロニウス　行っていたさ。

ルクレティア　しかし、もっと卑しくなって帰ってくるのが習わしよ。どういうわけであなたにはその反対が起こったの。

ソフロニウス　いいかね、わたしはみんなと同じ考えとやり方でそこを訪れたのではないからだ。他の連中は大抵もっと堕落しようとローマに行くんだ。またローマにはそのための機会がいっぱい備わっている。わたしは高潔な人と一緒に出かけたのだが、その人の勧めでぶどう酒の瓶の代わりにエラスムスが訳した新約聖書という一冊の本をもっていったんだ。

ルクレティア　エラスムスの訳ですって。その人は相当の異端だそうよ。

ソフロニウス　え、まさかあの男の名前がここまで届いているのか。

ルクレティア　わたしたちのところではもっと有名な人はいないよ。

ソフロニウス　その人に会いたいのか。

ルクレティア　一度もないわ、でも会ってみたかったわ。その人の悪口をとても多く聞いたから。

…中略…

ルクレティア　そうすると、わたしが見ているように、わたしは大好きなソフロニウスを失ったのね。

ソフロニウス　そうではない、君は彼を獲得したのだ。というのも以前の彼は滅んでしまったが、彼は自分の友でもなければ、君の友でもなかった。彼は今になって君を本当に愛し、君の救いをしきりに求めている。

ルクレティア　それではあなたは何を忠告するの、わたしのソフロニウス。

ソフロニウス　まず君はできるだけ早くこういう生活を止めるのだ。まだ君は若い。君が身に招いた汚れを洗い流すことができる。夫と結婚しなさい。わたしたちは持参金として何ほどかを寄付しよう。それとも転落した者を受け入れる何か聖なる集いに献身しなさい。それとも住む場所を変えて、何か立派なご婦人の家庭に受け入れてもらうがよい。どれを選んでも、わたしは助けを提供しよう。

ルクレティア　わたしのソフロニウス、あなたが好きよ。よく考えてね。わたしはあなたの忠告に従うわ。

ソフロニウス　だが、さし当たって、ここから離れてしまおう。

ルクレティア　え、そんなに急いで。

ソフロニウス　延期が損失に、遅れが危険に繋がるとしたら、明日よりもむしろ今日のほうがよくはないのか。

ルクレティア　どこへ行ったらよいのでしょう。

ソフロニウス　君の身の回りのものをすべて集めておきなさい。それを夕方までにわたしにわたしなさい。信用できる婦人のところに召使いにこっそりと運んでもらおう。その後少し経ってわたしが君を連れ出そう。散歩するためであるかのようにね。その婦人の下に、わたしは費用を出すから、目途がつくまで隠れているのです。それはすぐに実現します。

ルクレティア　わたしのためなのね。ソフロニウス。わたしはすべてあなたの信実にゆだねます。

ソフロニウス　いつか、そうしてよかったと喜びますよ。（前掲訳書、152—156頁）

談話室：『対話集』のなかのエラスムス

『対話集』のなかにはエラスムス自身のことも出てきて興味津々である。「青年と娼婦」でもエラスムスとその『校訂新約聖書』のことが話に出てきたが、この作品は前に解説したように、もともと『日常会話集』というラテン語の教科書から改作されたものであった。だから彼が自分のことも話題にすることが起こってくる。わたしも中学生のとき英語の勉強をはじめたとき、アメリカに留学した先生から『日常英語会話集』という書物によって英語を学んだことがあり、これによって英語に習熟することができた。エラスムスは『日常会話集』から『日常対話集』に移っていったので、日本語の書物の題名としては『対話集』となっている。

長編の「魚料理」では魚きらいのエラスムスの話がフライブルクに逗留したときの話しとして語られる。この対話では彼は自分のことを「エロスさん」と呼んでいる（邦訳304頁）。それに続けて大学生のときに経験した「パリのモンテーギュでの生活」が語られる。そこに登場するジャン・スタンドンク（Jan Standonck, c. 1453 - 1504）について詳しく語られているが、これは彼についてはあまり知られていないので重要な資料となった（308頁以下）。彼はマリーヌの貧しい靴屋の子として生まれ、エラスムスと同様にオランダのハウダで、神秘主義的傾向をもつ共同生活兄弟会の学校に学んだのち、ルーヴァン大学、パリ大学で神学を学んだ。1476年ころモンテーギュ学寮に入寮、1483年5月30日寮長となった彼は、寮生に異常なほど厳格な禁欲的規律を課し、みずからもそれに培われた北方系神秘主義的信仰を養おうと努め、修道生活共同体を形成した。学生が増えると彼は正式の神学校を設立しモンテーギュ修団が成立した。エラスムスはちょうどこのような時期に私費学生として入寮した。彼は給費生を対象とする神学校舎には居住しなかったが、峻厳な規律に縛られた点は同じことであった。聖職者の質的向上と学寮改革に注ぐスタンドンクの情熱と善意は認めながらも、エラスムスはその方法を時代錯誤と考えたし、その考えが正しかったことは今日あまり明らかにされていない。

大学卒業後エラスムスが馬車に同乗しながら友人と語り合う同窓会風の対話「老人の会話――エウセビウス、パンピルス、ポリガムス、グリシオン」も面白い。エラスムスのパリにおける大学生活のことは先の「魚料理」でも想起されているが、卒業後の生活は良いものも悪いものもあって、いずれも参考にすべき内容である。そこには当時の人々の人生経験が具体的に示されており、興味深いものがある。四人の語り手の特徴は、個人として、また類型として、道徳的な徳と悪徳が具体的な経験を通して輪郭が明瞭に描き出されている点にある。なかでもグリシオン(愛想はよい…愉しいの意）は慎み深く、キリスト教徒らしくありながらも、ホラティウス風の中庸を守り、常識の実例をしめし、エラスムス自身の生き方を表現する。エウセビウス（敬虔なの意）は教会人であって、その生活は正しいが、宗教的感情によっては心が動かされない。ポリガムス（何度も結婚したの意）とパンピルス（すべてを商う職人の意）は純真な若者に対する警告として意図されている。ある点ではパンピルスが四人の友人の中でもっとも興味深い。その様は宗教の組織を次々に変えたり、機転を使って生き長らえたりするので、ティル・オイゲンシュピールと似ており、優れた叙述となっている。

さらに間接的にエラスムスのことが知られる点で、「朝の時間——ネファリウスとフィリプヌス」も参考になる。この対話に登場するフィリプヌスはもう少年ではなく、5時か6時に起きねばならないわけではないが、「好きなだけ眠ることが許されるなら、わたしのために太陽は真夜中にも昇るかもしれません」と言って生活の大切な時間を少しづつ無駄遣いしている。トーマス・モアのユートピア人は夜8時頃床に就き8時間寝るので、4時には起床している（『ユートピア』沢田昭夫訳「世界の名著」410頁参照）。エラスムス自身は身体的な弱さ、消化力の弱さ、過労から睡眠をとるのが不得意であった。夜遅くまで寝付くことがなかったし、一度目覚めると何時間も睡眠に戻れなかった。それゆえ早朝のゴールデン・アワーに眠り続けねばならなかった。「人は書いたようには実行できぬものだ」と批評家のサムエル・ジョンソン博士（Samuel Johnson, 1709 - 1784）が言っている通りである。

さらに「名声を熱望する人」は魅力あるテーマである。一般には「名声が拍車をかける」と言われる事態がここでは追求される。人間としての不滅の栄光とそれを獲得するための闘争はルネサンス時代の著作家に強烈に訴えかけたものであった。この時代の芸術家、学者、政治家はすべて名誉や名声への強迫観念に取り憑かれていた。古代文化の称賛と研究はこうした傾向や関心と深い関係があって、ホメロスの世界に典型的に示されているように、それが人を高尚にすると一般に受け入れられていた。このことはモンテーニュの『エセー』にある「名声について」などに見られるように、時代を支配していた傾向であったといえよう。このエラスムスの対話は健全で、典型的な教えとなっており、社会的な習慣についての興味ある叙述となっている。だが、その特徴はドラマティックであるよりも、むしろ教訓的であるといえよう。それは『対話集』の「お恥ずかしい騎士」を補うものとなっている。ここでは野心家であっても才能もなく、破廉恥な偽善者が世間で暮らす仕方について皮肉な助言を受けるが、「名誉心」では真面目で素朴な青年が真の栄誉の性質について教えられる。

10　エラスムスの解釈学――「もの」と「しるし」をめぐって

はじめに

エラスムスは本質的に文献学者であって、聖書をも神学者としてではなく、文法学者として正確に解釈しようとする。すでに１５００年以来新約聖書を理解するためにギリシア語の知識がいかに重要であるかを知っていた。人々はもはや古いラテン語の翻訳であるウルガタでは満足できないでいた。エラスムスは１５０４年にイタリアの人文主義者ラウレンティウス・ヴァッラの未刊の著作『新約聖書注解』の写本を発見したとき、感動に満たされた。そこでは新約聖書のギリシア語のいくつかの手書き本がウルガタと比較対照されていた。その翌年にエラスムスはこの著作に重要な「序文」を付して刊行した。その序文の中で彼は、ウルガタに対して神学者だけが批判すべきであって、言語学者はそうすべきでないという異議を論破した。「聖書を翻訳するというこの課題の全体は文法学者が関与する事柄である。ある場合にはモーセよりも〔その舅〕エトロの方が賢いことがあっても、それは馬鹿げていない」（アウグスタイン「ロッテルダムのエラスムス」金子晴勇訳、『宗教改革者の群像』日本ルター学会編、知泉書館、78頁参照）。この比較は示唆に富んでいる。文法が世俗の学問に属していても、それは神学に役立つことができる。

「もの」と「しるし」という問題は最初アウグスティヌスの『キリスト教の教え』の第1巻と2巻で論及されたもので、修辞学の基礎を説いたものであった。エラスムスはアウグスティヌスからこの問題を学んだ痕跡をとどめていないが、このテーマは彼が学問の方法を論じた小著『古典読解の研究方法』（De ratione studii ac legendi interpretandique autotores. 1511, 1514）の冒頭に出てくる。この著作は人文学の研究を扱った入門書であるが、そこでは「もの」の知識と「言葉」の知識との関連から説き始めて、文法や表現法の考察を行っている。この点はさらに有名となった彼の『言葉ともの双方の宝庫』（De utraque verborem ac rerum copia. 1512, 1540）の表題に「もの」（res）と「しるし＝言葉」（verbum）が使われている。この書は2巻に分かれており、第1巻は文章表現における修辞学の使用法を多くの著作からの引用で豊富に示し、第2巻は文章を潤色したり、多様に表現する方法を詳論する。ここに展開する「文章用語論」は先述の『古典読解の研究方法』とともに人文学の方法論であって、エラスムスの学問の基礎となっているものに他ならない。したがって、この学問方法論を神学に応用したのが『真の神学の方法』ということができる。

エラスムスは自己の神学思想の核心を述べた『真の神学の方法』（1519年）で聖書をヘブライ語とギリシア語の原典で学ぶように繰り返し説いた。それは言語が一般的に「もの」を表現する「しるし」として象徴機能をもっており、それぞれの言語に特有な特質が認められるからである。それゆえ言語をある程度は理解していないと、思わぬ誤解に陥ることが起こる。このことはとりわけ神学の研究を志す人々には必要不可欠なことであり、天上的な学問である神学への道と方法を伝えるために偉大な学者が求められるが、彼はそれをアウグスティヌスの『キリスト教の教え』全4巻に求め、その模範にしたがって聖書解釈の方法をこの書において検討している（エラスムス『神学著作集』金子晴勇訳、「キリスト教古典叢書」教文館、286頁）。

アウグスティヌスの記号論

アウグスティヌスは『キリスト教の教え』で「もの」と「しるし」について明瞭に説き明かしている。たとえば「もの」を定義して「ものはあっても自分のほかに何かを示さない」（アウグスティヌス『キリスト教の教え』Ⅰ・2・2）とし、それに対して「しるし」、つまり「ものそのものよりもむしろしるしとしてのもの」は「指示機能をもつもの」であって、「しるし（signum）はあるものを指し示すために（ad significandum）用いられるものである」（前掲書、Ⅰ・2・2）と言う。この指示機能には次の三種類の働きがある。

(1)「しるしとはものが感覚（sensus）に刻印した像（species）の外に、あるものをおのずと考えさせる（in cognitionem venire）ものである」（前掲書、Ⅱ・1・1）。たとえば「足跡」を見れば、その足跡の主である「動物」が作ったと考えられる。だが「しるし」は(a)「自然的なもの」（naturalia）と(b)「与えられたもの」（data）に分けられる。

(2)(a)「自然的なしるしは、それ自身のほかに、それ自身とは異なるものを示すいかなる意図も願望もなしに、それだけで、わかるようにする。火があることを示す煙のように」。要するにしるしは単なる「信号」や合図といったシグナルである。

(3)(b)「確かに与えられたしるし（data signa）とは、生けるものができるかぎり、何であれ、彼らが感じたもの（sensa）と彼らが理解したもの（intellecta）とか、彼らの精神の働き（motus animi sui）を、互いに示すために与えるものである」。したがって「しるしを与えるとは、しるしを発信する人が心に抱いていることをとり出して、他者の心の中に移し入れることに他ならない。……聖書に載せられている神によって与えられたしるしにしても、しるしを書き記した人々がわれわれに報告したものだからである」（前掲書、II・1・1—2、2、3）。したがってしるしは言葉となって、思想を他者に伝えるコミュニケーションの手段となる。その作用は他のものを考えさせる「指示するもの」として何かの意味を告げる象徴にまで発展することができる。

これら「しるし」の三つの機能のうち「その思考内容を外に表した記号」はほとんど「言葉」からなっているため、「しるしはすべて言葉で表すことができる」。この言葉は「話された言葉」を長くとどめるために「文字による言葉の記号」が案出され、声が記号化されるようになった（前掲書、II・3・4—4、5）。こうして聖書が生まれたが、表現の不明瞭性と多義性が問題となり、聖書解釈の問題を引き起こした。

その際、彼は聖書の字義的解釈と比喩的解釈とを区別したが、転義的解釈は比喩的解釈に属すると考えた。彼は基本的に次の二つの意味を区別している。

(1) 本来的（proprie）、字義的（ad litteram）
(2) 転義的（translate）、比喩的（figuratus）、霊的（ad spiritum）、神秘的（mystice）

この区別はそのままエラスムスによって受容されているが、後代の中世では「転義的」と「比喩的」とが区別されるようになった。

エラスムスの聖書解釈学

記号論に関してエラスムスはアウグスティヌスの考えを踏襲しており、聖書解釈においてもその影響は随所に見いだされるが、ここでは聖書の転義的解釈と比喩的解釈を問題にしてみたい。エラスムスの時代には中世以来説かれてきた「聖書の四重の解釈」（字義・比喩・転義・類比による解釈）が採用されていた。その中でも、比喩と転義が区別されていたが、彼はこの区別を無視して、両者を同一視したアウグスティヌスにしたがっている。こうした修辞学的区別が十分に自覚されないままに使用されることによって聖書解釈の困難さが生み出されることになった。この点に関して彼は次のように語っている。

だが、聖書がわたしたちに伝承された言語自身の性質の中に〔聖書を理解する〕困難な大部分は横たわっています。というのも〔言語の〕転義的使用、つまりアレゴリー、比喩、譬え話によって聖書はほとんど覆われ、ところどころ謎めいた不明瞭さにまで遠回しに述べられているからです（『エラスムス神学著作集』金子晴勇訳、「キリスト教古典叢書」教文館、394―395頁）。

したがって聖書を理解する上で困難な問題は、言語的表現の不明瞭性と多様性とにあると考えられた。この点はアウグスティヌスが指摘していることと変わらない。とくに不明瞭な表現は聖書の明瞭な表現から理解するように勧められる。なかでもユダヤ人が学んでいた預言者たちの言葉が参照されたり、キリストの神秘が俗人や不敬虔な人たちに隠されている場合もある。こうした表現の中でもエラスムスは「譬え話」にとくに注目し、そこに驚くべき説得力が秘められていると言う。たとえば「放蕩息子の譬え話」を取り上げて、「譬え話は教えたり説得したりするばかりか、心情を刺激したり、喜ばしたり、わかりやすくすることに、同じ教えが直ぐに消えないようにそれを心に奥深く刻みつけるのに有効なのです。……譬え話なしに語ったときよりも、いっそう激しく魂を打つことがあろうか、と言いたいです」と彼は言う。しかも、さらに他の物語を追加すると、「この思想が比喩というおびき寄せる手段によって聞いている人たちの心にいっそう効果的に流入するために、牧者によって探し出され、その肩に担がれて家に連れ返された迷った羊の像や、同じく入念に捜されてやっと見いだされたドラクマの譬え話でもって、いっそう深く心に刻み込まれます」。そこには「他の譬え話」が「比喩」というおびき寄せる手段によって心にいっそう有効に作用すると説かれる。さらにアレゴリーも説得力をもっていて使われているし、イサク誕生の物語を「アレゴリー（寓喩）のベール」をつかって話すと、聴衆は夢見るようになる（前掲訳書、395―397頁）、とも語られる。

このように譬え話は伝達したい事柄をいっそう印象的に心に刻み込む働きを発揮する。だから「もの」と「しるし」の関係は「事柄」と「譬え話」の関係に置き換えられる。「パウロと他の弟子たちも譬え話を用いて〔表明したい〕事柄を〔人々の〕目に提示しており、しばしばそれを繰り返して〔人々の〕心に刻みつけています。たとえばパウロは時々わたしたちを神のために献げられた神殿とか聖霊の神殿と呼んでいます（Ⅰコリ3・17；6・19参照）。これを世俗の用に供することは冒瀆です。同じく〔福音に対する〕ユダヤ人の躓きと異邦人の召命という全問題はオリーブと野生オリーブや根と枝の譬えによって論じられています。ひとたび伝承されて多くの人を動かした教えのことを彼はパン種と呼び、群衆のことを練り粉の名称で告げ、誠実な人たちを無酵母のパンと、腐敗した人たちをパン種で発酵した人たちと呼びます（同5・6―7参照）」（前掲訳書398頁）。このように「もの」と「しるし」の関係は、人間―神殿、ユダヤ人の躓きと異邦人の召命―オリーブと野生オリーブ、多くの人を動かした教え―パン種、群衆―練り粉、誠実な人たち――無酵母のパン、腐敗した人たち――パン種で発酵した人たちとして説かれる。

こうして「もの」は「しるし」に置き換えられて表現されるが、これが一般には転義的な方法と呼ばれる方法である。

このように聖書では転義法は使用され、譬え話や比喩が多く用いられている。そこにはエラスムスによると物語による叙述の方法が採用されており、理性的な概念的な思考とは全く異質であることが判明する。それを彼は一言で表現して「全問題をアリストテレスやプラトンの三段論法によってではなく、比喩によって説明する」(前掲訳書、399頁)と述べている。しかしこうした転義的な言語の使用には回りくどい「転置法」や厄介な「誇張法」も多く認められる。言葉の両義性も問題となる。それにもかかわらず、聖書の比喩的な表現には隠された神秘が見いだされるのである。

エラスムスによると聖書の言葉の解釈には二つの意味の層があって、第一は字義的・歴史的意味であり、第二に神秘的・霊的意味がある。この二つの層は比喩と転義によって結びつけられる。したがって比喩的解釈は字義的意味から霊的で神秘的な意味へ、同じく歴史的意味から霊的で神秘的な意味へ向かうが、エラスムスは比喩的解釈を実行するために字義的解釈を捨てたり、軽視して退けたりしない。そうではなく彼は字義的な言葉や歴史的な出来事のなかに神秘を捉え、そこに霊的な意味が宿っているのを見いだそうとする。こうして字義的で歴史的な意味の中に霊的もしくは神秘的意味が含意されていると彼は考える。この点に関して彼は次のように語っている。

わたしたちは比喩的解釈に立ち帰るべきです。なぜなら全聖書はそれによって成立しているからです。これによって永遠の知恵はわたしたちに、片言のようにではありますが、語っており、このような細心の注意を〔聖書に〕向けないと、とりわけ旧約聖書の諸書においては有益な大部分が読者から逃げて行くでしょう。言葉の意味は単純に受け取られると、しばしば誤っているし、時には馬鹿げていたり、不合理なものです。神の知恵はそれをも歴史の文脈に違反しないかぎり、わたしたちがそこにはさらに深く隠された意味がないと考えないために、救済計画にもとづいて配慮なさいました。」（前掲訳書、415頁）

それではここに語られる「さらに深く隠された意味」とは何であるか。エラスムスは「神の愛」を神秘であると考える。それも「救済計画」にもとづいて配慮したとあるように、キリストの受肉に示されており、神秘とは父なる神の言い表しがたい愛を意味する。事実、この愛のゆえに神の子が人となったが、そこには御言《みことば》が愛によって一人びとりに降る働きが同時に示される。こうして彼はすべての人にすべてのものとなることによって、万人を自分に引き寄せ、神から離反した人々を彼によって神と和解させ、再統合させている。

したがって『真の神学の方法』に展開するエラスムスの聖書解釈は、比喩的な方法によって聖書の言葉や物語のなかに、表層的には不可解な表現のうちにも、神秘そのものである父なる神の愛がどのように把握されうるかに集中する。そのため彼は福音書の言葉を「物語」(fabula) 形式にして捉え直し、そこにおいて神の愛が告知され、信仰によって人がその愛を受容する出来事を捉えている。このようにして字義的意味に優る意味が神の愛と人の信仰によって捉えられる。彼はこの物語形式によって聖書の言葉をそれを語っている人格（キリストと民衆）に結びつけ、またキリストの発言とその贖罪の行為とを関連させて把握している。

ここから彼の解釈学の三つの特徴を指摘できる。

(1) キリスト論的集中

キリストの教えを聖書の中で見分けるためには、物語という形式で字義的に語られている意味に優っている意味を発見しなければならない。そのためには言葉とそれを語っている人とを、またキリストとその贖罪の行為とを関連させる必要がある。というのはキリストは自らをあるときには牧者や頭《かしら》として、他のときには団体や群れの一員として表現しており、「ご自身において構成員の考えを伝えている」（前掲訳書、311頁参照）からである。そこでどのように言葉がキリストの人格から出ているかを考察しなければならない。また時間の契機も重要で、そこから相違点も起こってくる。たとえば影の時と旧約聖書の比喩的表現、光の時と新約聖書における真理の顕現などの相違が認められる。というのはキリストの贖罪の行為は歴史において新しい時代を創り出し、それに先行していてそれを用意したものに還元できないからである。したがって聖書の内容は時間・人物・事柄にしたがって変化しており、聖書を抽象的で理念的にではなく具体的で現実的な意味で統一にもたらすことは不可能ではない。この統一は教会の三つのサークル（司祭たち・君主たち・信者たち）を通して万人を彼に引きつけているキリストの像である（前掲訳書、317－319頁）。そのような統一においてもろもろの教義の内的な結節点を捉えることができる。そこには多様な教義がキリスト論的な集中によって統合されている点が認められる。このことは『エンキリディオン』でキリストを「唯一の目標」として説いたときにも主張されたことであった（前掲訳書、73－74頁参照）。

(2) 物語神学

この具体的で真実な統一はキリストの生活に、もっと厳密に言うなら、彼の贖罪という償いのわざにおいて見いだされうる。このわざをエラスムスは『新約聖書の序文』における「方法」(Methodus) では使われなかった仕方でもって論じた。それは fabula (物語) のわざであって、ドラマにおける作戦計画のようなものであり、次のように語られる。

わたしたちが両方の聖書を熱心にひもときながらキリストの全物語がもっているすばらしい領域と調和を考察するならば、少なくない利益がもたらされる。その物語とはいわばわたしたちのために彼が人となることによって実現したものである (前掲訳書、327頁)。

この物語は一般的に言って抽象的な概念によっては把握できない人生の意義を描き出すのに最適な叙述方法であり、とりわけ現実の痛ましい葛藤を解消しながら幸福な結末に導く。それゆえ「物語」(fabula) の観念は分析的ではなく「総合的であって、それは普遍的なシンボリズムと宿命としての歴史を結合する」(Chantraine, Mystere et Philosophie, p. 275) とも言われる。この物語によって普遍的なものと個別的なものとを保存しながら、言語の抽象的な普遍性と歴史の具体的特殊性を結合することが可能となる。それは神と人との仲保者として、また人間に関わる神の歴史の中心として、受肉した神の言葉を反省するに適している。なお、ポール・リクール『時間と物語』第3巻（久米博訳、新曜社、1990年）、芳賀力『物語る教会の神学』（教文館、1997年）にはの新しい方法が説かれているが、エラスムスにはすでにその萌芽が認められる。

(3) 神秘神学

エラスムスも力説するようにキリスト教の神学思想の内容は信仰と愛から成立している。これに関して彼は「キリストはとりわけ、また、絶えず信仰と愛という二つのことを教えています。信仰は自分に信頼しないで、わたしたちの信頼のすべてを神におくように助けます。愛はわたしたちがすべての人に貢献するように促します」（前掲訳書、365頁）と語っている。こうして彼はキリストが説く純粋な信仰とそこから要請される愛の実践を生き生きと論じていく。その際、神の愛は神秘として示される。

それでは神秘とは何か。それは父なる神の言い表しえない愛ではなかろうか。しかも愛のわざはキリストの多様な行為の中にいつも変わることなく示されている。「キリストは自分に似ていないものがどこにもないように、すべての人にとってすべてとなられました」（前掲訳書、330頁）。

この愛のゆえに神の子が人となったのであるが、その場合、愛こそ、御言が、肉となることによって自己との不等性によって害を受けずに、アイデンティティを確立できる作用である。つまり愛によって御言が自己を変化させて人となったのであるが、そこには御言が愛によって一人の人にまで降る謙虚によって愛の原理が示される。だからキリストが神性と人性とを、両者を混同しないで、そのペルソナにおいて統一させるのも愛である。また愛によってキリストはその使徒的な宣教を自覚した。彼はすべての人にすべてのものとなることによって、万人を自分に引きつけ、異なった宗教によって分離した人々を彼のなかで再統合させた。それを可能にするのも愛である。要するに愛によってキリストはご自身を与えるために各人の進歩の状態にご自身を適応させるのである。そのように与えることによってご自身と神との一致のうちに人々を父なる神にむけて引き寄せたもう。

こういうのが聖書の比喩的な言語のうちに啓示された神秘なのである。こうして転義が神秘と同一視される。この神秘は歴史や字義的な意味によって明瞭となるが、同時に比喩のヴェールのもとに隠されている。

「キリストの神秘が俗人たちや不敬虔な人々に覆われ、かつ、隠されたままであることを彼が意図していたにせよ、そうなのです。だが、そうは言ってもその間に信仰の篤い探求者に理解される望みが妨げられないように願ってのことです。」（前掲訳書、395頁）

『真の神学の方法』に展開するエラスムスの神学思想は、神秘そのものである父なる神の言い表しがたい愛の神秘がどのような神学的方法によって把握されうるかということである。神はご自身を御子イエス・キリストを通して授けたもう。これによって人が神を知るようになしたもう。同様にこの神の愛に応えて自分自身を返礼として神に与えることなしには、神を捉えることはできない。まず、神はご自身を全面的に与えられ、引き渡し、賜物を授けたもう。それに対し、神が与えたもうた仕方にふさわしく、自らの知識を改造し、知識の対象を構成しなければならない。知識自体が神によって啓示されるのである。この贈り物としての知識は人間の合理性の形式が付与されることによって価値が高まるのではない。それゆえアリストテレスやその他の哲学者に由来しない学問である新しいオルガノン（道具）が必要である。知識自体が贈り物であって、これ以外には与えられたものを知る手段はない。それゆえ、こういう知識に加えて字義的な釈義には理性や心の訓練や清めが必要である。それゆえ理性や自由学芸の必要は理性的な要請ではなくて、贈り物のなかで与えられるものの溢れるような豊かさから派生している。したがって、それは霊的な意味自体によって要請されており、その中にそれ自身の合理性が洞察される。

終わりにエラスムスが説いている神秘的な超越としての神学の基礎にある信仰について述べておきたい。エラスムスの神学の基礎には『エンキリディオン』や『痴愚神礼讃』で説かれた根本思想があって、それは「目に見えるものから見えないものへ」という超越の思想として述べられた。したがって彼の神学の基礎には、わたしたちの目を地上的事物の諸価値から天上的なものに向けさせていく信仰の超越が説かれている。ここには人間的な価値を根源的に変革する信仰の働きが認められる。こうした信仰を確立するための学問的方法論が聖書解釈としての神学に要請される。

「転義」の理解の問題

一般的に言って文字が理解されないとき、その意味を知らない場合とそれが多義的である場合とがある。そのとき「記号」は「原義」と「転義」とに分けて考察される。その場合「転義」をどのように理解するかが重要な問題となる。

(1) アウグスティヌスにおける「転義」の意味

アウグスティヌスは「記号」を原義と転義に分けて考え、次のように言う。

ところで記号は原義的（propria）であるか、転義的（translata）であるが、ある記号が、きめられている通りの指示対象を示すとき、その記号は原義的とよばれる。たとえばボース（bos）と言うとすると、ラテン語を話す人々には、それがわれわれを含めてだれしもこの名前で呼んでいる動物である牛をさしていることが分かる。原義的な語が示している指示対象を、それとは別の事柄を示すために用いるとき、その記号は転義的である。たとえばボー・ウェム（bovem）という。するとこの二音節によって、この名でいつも呼んでいる牛のことだということが分る。けれどもさらにこの牛とは福音書記者をもさすことがわかる。「牛にくつこをかけてはならない」（申命記25・4）と言うとき、使徒の解釈によれば、聖書は福音書記者のことを言ったのである（『キリスト教の教え』2、10、15）。

ここにはまず「しるし」（signa）である記号が二種類に分けられ、（1）「原義的」（propria）、（2）

「転義的」(translata) に分けられる。次に事例として「牛」があげられ、それが「牛」とは別の指示対象「福音書記者」を指すとき、「転義」と言われる。この転義のギリシア語 tropos τρόπος について『三位一体論』では次のように説明される。

「このようなトロポス、すなわちアレゴリアには多くの種類がある。謎(aenigma)と言われるものはその一つである。……すべての謎は寓喩であるが、すべての寓喩が謎であるのではない。それでは寓喩とは何かというと、それはあることを別のことから理解するという転義(tropos)にほかならない」(アウグスティヌス『三位一体論』15, 9, 15。この用法はクインティリアヌス『修辞学教程』1, 5, 71に由来する)。

こうしてトロポスとは「謎」、「寓喩」と同じ事柄を意味することが知られる。このようにアウグスティヌスはすべての記号を「原義的」と「転義的」に二分し、「原義的」を「本来的」つまり「字義的」として規定した。また「転義的」は「神秘的」であるとも主張し、数字が隠された意味をもっている点を聖書・音楽・異教文学で説き明かす(『キリスト教の教え』2, 16, 25-27)。

(2) エラスムスにおける「転義」

このような区別と意義とをエラスムスはアウグスティヌスから受け継いでおり、転義を比喩と同じものと理解する。転義（tropos）とはそれはあることを別のことから理解するという意味であり、「もの」を「しるし」から理解することである。この意味で聖書では転義法は使用され、「もの」や「事柄」を理解するために、それとは別の譬え話や比喩が多く用いられている。この点に関してすでに詳しく論じたのでここでは省略する。

ところが同時代のルターでは転義的な解釈が「道徳的解釈」の意味で使用されたため、主体的で実存的な意味が求められるようになった。ここから両者の解釈の特質も明らかになる。

(3) ルターにおける転義的解釈の特質

エラスムスとルターとの聖書解釈における相違点は「転義的解釈」の理解の相違から解明できる。その相違は、エラスムスがアウグスティヌスの『キリスト教の教え』における「転義法」の解釈を踏襲しているのに対し、ルターは『第一回詩編講解』ではそれとは異なる解釈を行っているところに示される（金子晴勇『ルターの人間学』創文社、70−71頁参照）。

ルターは『第一回詩編講解』の序文のなかで中世で発展してきた聖書解釈の方法を詩編に適用し、人間の在り方を聖書の転義的解釈によって捉えている。聖書解釈法の伝統に従ってルターは詩編をキリストを示す預言と考え、預言的・文字的意味はキリストをめざしているので、詩編を単に歴史的意味に限定する場合にはその意味が失われる、と言う。そこでキリストを語っている詩編の理解は次のようになる。つまり字義的には（ad literam）イエス・キリストの人格について予言的に解釈し、比喩的には（allegorice）教会を意味し、「同じことは同時に転義的にすべての霊的にして内的な人間に関して、その肉的にして外的な人間との対立において、理解されなければならない」（Idemque simul trpologice debet intelligi de quolibet spirituali et interiori homine; contra suam carnem et exteriorem hominem. --WA. 3, 13, 16f.）と説いている。

したがって詩編講解でルターは字義的にはキリストを、転義的には人間（つまり内的人間と外的人間との葛藤の直中にある人間）を指すものとみなし、キリストの出来事を転義的に解釈する。したがって詩編の言葉は「文字的には敵なるユダヤ人たちから受けたキリストの悲嘆である。比喩的には暴君や異端者から受けた教会の悲嘆と告発である。だが、転義的解釈（tropologia）では試煉の中で発せられた信仰者と痛める霊との悲嘆もしくは祈りである」（WA. 3, 13, 28ff.）という。この転義的解釈の規則について次のように語られる。

実際、転義的解釈には次の規則がある。キリストが詩編の中で文字通り身体的苦痛によって大声で嘆き祈っているところではどこでも、その同じ言葉の下でキリストによって生まれ教えられたすべての信仰ある魂が嘆き祈っており、自己が試煉に遭って罪へと頽落しているのを認めている(in peccatum se tentatum vel lapsum agnoscens)ということである(WA. 3, 167, 21ff.)。

このようなキリスト論的で同時に転義的な詩編解釈が、多くの研究者が指摘するように、ルター神学の出発にとって重要な意義をもっている(E. Hirsch, Initium theologiae lutheri, 1950, in: Der Durchbruch, S. 93f., K. Holl, Luther, S. 546, E. Vogelsang, De Anfänge von Luthers Christologie, S. 27, G.Ebeling, Die Anfänge von Luthers Hermeneutik, in: Lutherstudien Bd.I, S. 65f. 参照)。しかも中世で転義的解釈が「道徳的には、あなたが行うべきこと」(moraliter, quod agas)という道徳的当為を問題にしているのに対し、ルターでは神の前における人間の在り方が問われ、主体的にして宣教的意義が転義的解釈により説かれた(R. Prenter, Der barmherzige Richter, S. 121.)。そこにはエーベリンクが言うように、「神の行為と実存の自己理解とが分離しえない相関関係に立っている」(G. Ebeling, Luther, S. 65f.)といえよう。

この転義的解釈が「神の義」についてもキリスト論的に解明されることによって、宗教改革的「神の義」の新しい認識にルターは達しているのであるから、この解釈の意義は重大である。たとえば転義的解釈を示す代表的なものは詩編31の9節の講解で次のように語られている。

「主よわたしを憐れみたまえ」(31・9)。この節から続く十二節は転義的には戦慄している良心(trepidans conscientia)と自己の罪を認めている者との美しい祈りである。「主よ、激しい憤怒をもって〔私を責め〕たもうな」と祈る詩編第六編も全体としてこのような性質のものである。実際、転義的解釈(tropologica)には次の規則がある。キリストが詩編の中で文字通り身体的な苦痛によって大声で嘆き祈っているところではどこでも、その同じ言葉の下でキリストにより生まれ教えられたすべて信仰深い魂(omnis fidelis anima in Christo genita et erudita)が嘆き祈っていて、自己が罪へ向かう試練に会い、罪に堕ちているのを認めている、ということである。なぜならキリストは今日に至るまでわたしたち自身によって唾棄され、殺害され、鞭打たれ、十字架につけられているから(WA. 3, 167, 21 ff.)。

言語の象徴的意義

エラスムスによると、聖書をわたしたちに伝承した言語自身の性質の中に聖書を理解するさいの困難の大部分がある。「それは聖書が〔言語の〕転義的使用、アレゴリー、比喩、譬え話によってほとんど覆われ、ところどころ謎めいた不明瞭さにまで遠回しに述べられているからである」（前掲訳書、394頁）。とりわけ預言者たちの言葉に照らして判断することが、キリストによって正しいと考えられていたとしても、あるいはキリストの神秘が俗人たちや不敬虔な人々に覆われ、かつ、隠されたままであることを彼が意図していたにせよ、このような状態にとどまっている。なかでも譬え話についてエラスムスは、比喩との相違点を明らかにしないままに、その説得力に注目しており、先にも述べたように「放蕩息子」の物語を取り上げて、それがいかに優れているかを説きあかす。

このようにヘブライ人の物語を譬え話や比喩を使って象徴的に用いて話すならば、聞いている人たちをさらに激しく感動させるし、また寓喩（アレゴリー）のベールを使って話せば、直ぐにも聴衆は夢見るようになる。したがってあからさまに観察されるよりも、魅力的な輝きで覆われた形で目に提示されるならば、たとえその根拠が不明であっても、聖なるものはいっそう尊厳を増すであろう。こうして真理は、以前には謎の覆いでもって曲げられ、わたしたちを苦しめていたが、今やいっそう快適に把握されるようになる（前掲訳書、397頁）。

この点を主題である「もの」と「しるし」の観点から把握すると、「もの」は「表明したい事柄」であり、「しるし」はそれを表明する手段、「譬え話と比喩」ということになる。つまり聖書の記者は言葉によって〔表明したい〕事柄を〔人々の〕目に提示しており、しばしば譬話や比喩を用いて〔人々の〕心に刻みつけている。たとえばパウロは時々わたしたちを神のために献げられた神殿とか聖霊の神殿と呼ぶ（Ⅰコリント3・17；6・19参照）。同じく福音に対するユダヤ人の躓きと異邦人の召命という全問題はオリーブと野生オリーブや根と枝の譬によって論じられる。さらに多くの人を動かした伝承された「教え」のことを彼は「パン種」と呼び、「群衆」のことを「練り粉」の名称で告げ、「誠実な人たち」を「無酵母のパン」と、「腐敗した人たち」を「パン種で発酵した人たち」と呼んでいる（同5・6―7参照、前掲訳書、398頁）。

「もの」と「しるし」の人間学的な考察の意義

こうして「もの」がそれとは異質な「他のもの」を使って、つまり「しるし」を使って表現されるようになるが、それは動物と人間とでは使用の仕方が相違することが強調されなければならない。その際、人間の場合には「しるし」は「もの」の象徴となっている。動物の場合には「しるし」が「もの」を示すとき、直接的に身体的反射を引き起こす。たとえばパヴロフの動物実験で明らかにされた条件反射を考えてみると、それは明瞭である。ところが人間の場合には「しるし」は「言語」のように指示する「もの」に「意味」や「意義」を伝達する。意味を運ぶ「しるし」＝記号である象徴作用が備わっている。ここから人間には動物にはない新次元が拓かれてくる。この「象徴を操る動物」(animal symbolicum) こそ人間である。「象徴」というギリシア語「シュンボロン」は、一つのものの相合う両半分である「割符」を意味する(だが、そこには使用する人のあいだに約束が交わされる必要があり、シュンボロンはその証拠となる)。だが「もの」と「しるし」の間には同質性よりも異質性が、したがって次元の相違が認められる。というのも、「赤」という言葉は少しも赤くないように、「しるし」と「もの」の間は直接対応しないで、「しるし」は記号化されて非類似にまで発展するからである。このような象徴作用を人間学的に解明したのがエルンスト・カッシーラーである。彼は次のように語っている。

人間の機能的円環は、量的に拡大されるばかりでなく、質的に変化をも受けてきている。人間は、いわば自己を、その環境に適応させる新たな方法を発見した。あらゆる動物の種に見出だされるはずの感受系と反応系の間に、人間においては、シンボリック・システム（象徴系）として記載されうる第三の連結をみいだすのである。この新たな機能の獲得は、人間の全生命を変形させる。他の動物にくらべて、人間はただ広さの広い実在のうちに生きているだけではない。人間はいわば新次元の実在中に生きているのである。――人間は、ただ物理的宇宙ではなく、シンボルの宇宙に住んでいる。言語、神話、芸術および宗教は、この宇宙の部分をなすものである。それらはシンボルの網を織る、さまざまな糸であり、人間経験のもつれた糸である（カッシーラー『人間』宮城音弥訳、岩波文庫、63―64頁）。

このように人間の機能的円環は、量的に拡大されているばかりでなく、質的変化をも受けて来た。人間はいわば自己をその環境に適応させる新たな方法を発見した。あらゆる動物の「種」に見出されるはずの感受系と反応系の間に、人間においてはシンボリック・システム（象徴系）として記載されうる第三の連結が見いだされるからである。この新たな機能の獲得は人間の全生命を変形させた。

総じて言語は音声と文字という「記号」体系をとおして「意味」を伝達する。記号は物理的であるが、意味は精神的であり、意味を運んでいる記号こそ「象徴」（シンボル）である。わたしたちが自然の対象である「もの」に知覚作用を向けて事物の認識を得ているように、記号と意味とをつなぐシンボル機能によって人間文化の世界を構成する。そこにある言語の象徴的意義を問題にしなければならない。

こうしてシンボル的思考とシンボル的行動が、人間生活の最も特徴的な姿の一つであること、人間文化の進歩全体が、これらの条件にもとずいていることは、否定できない事実である。シンボリズムは人間経験の広汎な経験領域にも、いっそう深い源泉にも適応できる原理である。とりわけ宗教的なシンボル的次元の解明によって霊性の深みをいっそう正確に理解することができるのではなかろうか。

むすび

こうして新しい人間文化の創造の試みはヨーロッパのルネサンス時代において興り、宗教の復活となって実現された。そこには言語の意義が問い直され、その意義の大いなる発見がなされた。それゆえルネサンスは総じて「言葉の出来事」であって、言葉の新しい意味の「再生」ではなかろうか。エラスムスは聖書の言葉の意味を人文学者として問い直し、ルターの宗教改革的認識である「神の義」の発見も言葉のもつ意義の発見から起こっている。「もの」は「しるし」によって表現されるが、「しるし」である言葉には「意味の再発見」という出来事を起こすことができる。それは今日においても起こることを予感させる。人間は言語を「もの」の「しるし」として捉え、言語の中に起こっている人間経験の多様性のみならず、深淵性をも探求し直して、宗教に潜んでいる霊性の意義を再発見することができるからである。

［談話室］「悔い改め」の意味

有名な95箇条の提題について詳論した『贖宥《しょくゆう》の効力についての討論の解説』の序文には「悔い改め」をどのように解釈したかの説明が記されている。そこには次のような説明が記されている。ヴィッテンベルク大学の直接の上司で、ルターの霊的な指導者であったシュタウピッツは当時のアウグスティヌス派隠修道士会のドイツ支部長であり、アウグスティヌスの精神に基づいて「恩恵のみ」（sola misericordia）を強調する恩恵説を確立していた。彼はルターの深刻な試練に対し牧会的配慮をなし、「悔い改め」の正しい理解と「罪人の義認」および「キリストの御傷の省察」を説き、それと合一する「キリスト神秘主義」の教えを伝えた。

ところでルターが先の『贖宥の効力についての討論の解説』に付した序文によると、シュタウピッツはプロテスタントの宗教改革の先駆者であるばかりか、その父でもあることになる。なぜなら、この序文で記されているように「悔い改め」（poenitentia）の解釈が直接シュタウピッツに由来するならば、宗教改革の発端は彼に淵源すると言えるからである。しかし、この序文を注意して読むならば「真実の悔い改めが神の愛と義から開始する以外になく、他の人々によれば悔い改めの目標であり完成であると見なされているものが、むしろその反対に悔い改めの初めであるということを、あなたが天から語られたかのようにわたしたちは受け取った」(WA. 1, 525, 11-14) と記されている。そして、それに続く「悔い改め」のギリシア語の意味の発見が、古典語の専門家の示唆に負うていることは明らかである。しかし、この古典語の専門家がだれであるかは明確には示されていない。そこでエラスムスが翻訳したギリシア語新約聖書『校訂新約聖書』第2版を参照するならば、「心を再び立て直すこと」(resipicentia) としてのメタノイアの語義を初めて世界に示したのはエラスムスであることは明白である。

歴史家ベイントンによると、ルターはこの事実をあえて隠しているとしか考えられない。この「悔い改め」の中世的サクラメントとしての意義を突破したことこそ、贖宥問題に端を発する宗教改革の運動を引き起こしたのであった。こうした意義をもつ悔い改めが神の愛を受けることから開始するとシュタウピッツがルターに語ったことは、オッカム、ビールのノミナリズムによって説かれていた悔い改めの神学体系に対する痛烈な批判であって、宗教改革の神学思想を形成する最も重大な転換をルターに与えていたことになる。

11　近代の主体性の問題——自律と神律

近代の初頭では個人がカトリックの教権から自由になって自立する運動が顕著に起こってくる。とくにルネサンスの人文主義は人間の尊厳を説き、教権の下での他律的な生き方から解放され、自由に行動することを強調した。その際、人間が理性的に自律し、個人として「行動の主人」であり得るという信念は、近代人が一般に説くようになった観念である。この自由の観念の中には自己決定・自己創造・自己主権という中世でもすでに芽生えていた契機が含まれているが（Thomas Aquinas, Summa Theologiae, I, q. 83, a. 1 参照）、このような契機を秩序づけていた神学的な枠組みが近代に入ってから撤去されたため、自己の可能性を無限に発展させる衝動が起こり、自由の観念に近代的な特色が生じてきた。ここから近代的な主体性の問題が起こってくるのであるが、本論ではこの点をディルタイ学説の検討からはじめて、自律と神律の関係として論じてみたい。

ディルタイのエラスムス解釈の問題

ではこのような近代的自由を生みだしている人間はいかなる存在であり、どこからこのような自由を体得したのであろうか。この問題を解明するに当たってまずヨーロッパ精神史の大家ディルタィ（Wilhelm Christian Ludwig Dilthey, 1833 - 1911）の学説をわたしたちは検討することが適切であろう。というのは精神史の全体的潮流の中から彼が『ルネサンスと宗教改革　15・6世紀における人間の把握と分析』（西村貞二訳、創文社、1978年、Auffassung und Analyse des Menschen im 15 und 16 Jahrhundert, 1891-2）に近代初頭の人間学の特質を彼は考察して、優れた成果を収めているからである。彼は人文主義と宗教改革の運動を単なる教会史や教義史の観点から見るのではなく、この時代の精神的過程の連鎖のなかで最も重要な契機として把握しようとした。これらの運動は中世の神学的形而上学から分離し、やがて17世紀に実現する人間の自律という思想に発展してゆく歩みなのである。その場合、彼はこれまで一般に考察されてきた「キリスト教共同体」（corpus christianum）の崩壊という観点からこの過程を解明しようとはしない。また新しい学派であるオッカム主義の台頭と自律的意志の確立という視点から考察するのでもなく、「宗教的普遍主義的有神論」（religiös-universalistischer Theismus）がルターの対抗にもかかわらず、エラスムスを通して勝利を収め、カントやシュライアマハーによって完成したと主張した。彼はこの有神論について次のようにいう。

わたしはこの宗教的普遍主義的有神論を、神性はさまざまな宗教や哲学のなかで同じように働いており、今日もなお働いているという確信であると解する。……これは神性が全自然を通じて、またあらゆる人間の意識の中で全く普遍的に作用しているという理念を前提する命題である。こうしてこの命題は、通例は世界秩序に関する汎神論的もしくは万有内在神的把握に結びつけられている。こうした把握は、当時、唯名論とならんで、プラトン主義やキリスト教神秘主義に依存して非常に弘布されていた（ディルタイ『ルネサンスと宗教改革』西村貞二訳、創文社、86頁）。

ディルタイは16世紀の思想の全体像をこのように捉え、この有神論はエラスムスの『エンキリディオン』における「キリストの哲学」に具現しているという。この哲学はキケロ、セネカ、プラトンの哲学とも一致し、これらの哲学者の著作には神の啓示と霊感が下っている。さらにこの有神論はフィチーノやピコの新プラトン主義の影響を受けたエルフルトのヒューマニストであるムティアヌス・ルフス（Mutianus Rufus, 1471-1526）の手紙にも明らかに表現されており、キリスト・ユピテル・アポロン・モーセなどは同じ神性の現われであると説かれた（前掲訳書、91頁）。人間の内なる等しい神性の自覚から生じるこの有神論から近代の主観性の根源を把握できるとディルタイは主張した。つまり、人間の内なる神性の自覚が、他律を退けて自らによって立つ自律の精神を生み出したと主張した。その例としてエラスムスの神学的合理主義をあげ、これによって神に対しても独立した自律的精神が自覚されるようになったとみなす。

エラスムスが神学的合理主義の創始者である。神学的合理主義をわたしは信仰内容に対する悟性の優越した反省というように理解する。そして、こうした反省によって信仰内容は、神・キリスト・人間の関係、自由意志と神の影響との関係、すなわち全く相互に没交渉な独立した存在の関係に分解される（前掲訳書、142－143頁）。

ディルタイによるとエラスムスはこの立場に立ってルターを批判したが、ルターのほうは信仰のみによる人格的神関係に立ち、儀式的な古代の犠牲の観念を拒否しながらも、贖罪思想を復活させ、エラスムスの有神論と対決した。このようなディルタイの解釈は、ハルナックやトレルチ等の宗教史学派に大きな影響を与えているだけでなく、近代精神史の深層に向けての分析でもある。そこには人文主義こそ近代思想の源泉であって、共通の事態である「人間の神性」の自覚にこそ近代精神発生の地盤を見ることができると主張された。彼がエラスムスの中に有神論や神人関係の相互的独立性をとらえているのは正しい（金子晴勇『近代自由思想の源流』創文社、１９８７年、286―288頁参照）。ただ問題になるのは、彼が人間の内なる神性を近代の主観性の根源として解釈しながらも、その神性や主観性自体に潜んでいる問題性を考慮しなかったため、エラスムスの理解が皮相的となり、その宗教性に対し真の内在的な理解に至っていない点である。

次にディルタイの精神史の立場を継承しながら、いっそう歴史的発展を考慮にいれて16世紀の思想史を人間学的に分析したグレトゥイゼンの見解を述べてみよう。

グレトゥイゼンはその著名な作品『哲学的人間学』(Philosophische Anthropologie, 1931, 2Auf.1969 邦訳金子晴勇、菱刈晃夫訳、知泉書館、２０２１年）でプラトンからモンテーニュにいたる多様な人間学の類型、および人間についての多岐にわたる解釈の歴史的発展を叙述し、人間の自覚の変化を辿って精神史を解明した。人間の本性や本質と呼ばれているものは、確かに時間的変化を超えた常に等しい基本的性質を備えているにしても、人間が自己をいかに理解しているかは、歴史的状況の変化に応じて多彩な形態をとっているし、そこに自己理解の様式の統一的発展を跡付けることはできよう。

このグレトゥイゼンは近代初頭の人間学的類型を三つに分け、①ルネサンスにおける「宇宙論的人間」、②ルターにおける「宗教的人間」、③エラスムスにおける「人文主義的人間」に分類した。ルネサンスの人間学は人間とは何かと主題的に追求はしたものの、人間が世界に対してもっている役割をなお宇宙における人間の本来の姿から捉えようとする。それに反し「ルターの信仰の中にはもはや宇宙論的な神話思考の入る余地がなく、すべては人間的生の現実の枠内において生じている」（前掲訳書、331頁）。すなわち、人間はもはや自己を超えた、一般化された概念や価値から考えられず、信じる「わたし」に立って神をも所有する。「人間からわたしへの道が通じているのではなく、わたしが最初のものであり、このわたしを補完するものを、人間を世界に結びつけている本質規定のなかに見いだすのではなくて、宗教的汝との関係のなかに見いだしている」（前掲訳書、328頁）。だから信仰によって把握された人間としての「わたし」は、物体のように対象的に認識されないで「純粋に宗教的なわたし」（rein religiöses Ich）として「神的汝」（das göttliche Du）との関係に立っており、神に対する人格的信仰関係のなかで自己を形成する（同329頁）。

実際、ルターの人間学では神との人格的関係のなかで自己認識は徹底的に遂行された。したがってグレトゥイゼンの主張はルターの宗教的生に即したものといえよう。他方、彼によると、エラスムスによって代表される人文主義の人間学は、人間をそのあるがままの姿で理解しようとし、自己自身にとどまり、自己自身から人間の固有なものに価値を与えようとする。したがって、ルネサンスの宇宙論的人間やルターの神学的人間が、何らかの仕方で自己を超えたものとの関係によって自己を捉えているのに対し、エラスムス的な人間はあくまでも人間に内在する立場にもとづいている（同338頁）。この主張は基本的には正当であっても、エラスムス自身はというと、人文主義にとどまらず同時に聖書文献学に立つ神学者であろうと努めており、古代の哲学者プラトンと聖書、とりわけパウロとを総合して自己の神学を形成した（金子晴勇、前掲書、292—298頁参照）。哲学とキリスト教とを総合し、両者の一致のうちに真理を把握していこうとするところにエラスムスの特質がある。

しかしこの総合がディルタイのいうような普遍主義的有神論から行なわれているか否かはやはり問題となろう。また、グレトゥイゼンの解釈のようにエラスムスを純粋に人間内在主義的に把握することも間違っているといわなければならない。

近代的自由の理念、あるいは近代人が懐いた自由の信念についてのディルタイとグレトゥイゼンの解釈をあげて紹介してみたが、いくつかの問題点がこれによって浮かび上ってきた。グレトゥイゼンがディルタイ学説を批判的に修正し、ルネサンス、宗教改革、人文主義の三者の人間学的発展を述べたことは、ルターとエラスムスとの対立契機よりも近代における人間的自由の意識の発展として同一の方向性を捉えている点では正しいといえよう。

ところがエラスムスは神学者としても発言し、そのことによってルターとの対決に向かわざるを得なかったのであるから、ディルタイが捉えた両者の対立契機をも明らかにしなければならない。彼がエラスムスのうちに捉えた「宗教的普遍主義的有神論」と「神学的合理主義」は前述のように優れた把握であるとしても、エラスムスにみられる異教的傾向と本来のキリスト教的精神との関係が正しく捉えられてはいない。エラスムスは異教の哲学者プラトンとパウロとの思想の一致において真理を把握しようとしているが、その真意はキリスト教的人間性のもつ真理を明確にするところにあって、異教的要素はあくまでもその補助手段にすぎない。したがってエラスムスにおける精神史上の最大の問題はディルタイが捉えた先の有神論と合理主義の根底にある自律的人間の自覚にあるといわなければならない。

ディルタイはエラスムスの合理主義によって「信仰内容は、神・キリスト・人間の関係、自由意志と神の影響との関係、すなわち全く相互に没交渉な独立した存在の関係に分解される」と先の引用文で言う。つまり神との関係から自由となった自律的人間がエラスムスの中に認められ、これが近代的自由の理念の源泉になっていると主張する。このディルタイの主張が正しいとしても、近代人の自由についての信念つまり自由に対する理念的信仰は決してキリスト教の信仰を排除するものではない。ディルタイは彼自身のいだく近代的自由の概念でもってエラスムスを捉えようとしており、その理解には問題を残している。

意志規定の三類型

そこでわたしたちは近代の初頭に起こった意志の問題を再考すべきである。意志規定には「他律」(Heteronomie)と「神律」(Theonomie)と「自律」(Autonomie)という三つの類型があると考えられる。この類型によってヨーロッパ精神史が解明されるのではなかろうか。この神に従う生き方という神律は自律と対立しているのであろうか。一般的には神律は他からの命令によって行動する他律と同義に理解されている。神が自己にとり他者であるなら、そう考えられるのも当然であろう。だが、神はわたしたちにとり異質であっても、よそよそしい他者であろうか。神が律法をもってわたしたちを脅かしたり、刑罰の恐れを惹き起こしたり、わたしたちが律法の外面的遵守によって神に対して合法性を主張しようとするなら、その時には神律は他律となっている。他方、神の恩恵によって新生し、自発的に善い行為をなそうと励むような場合はどうであろうか。そのとき神律は自律を内に含んでいることにならないであろうか。エレミヤの「新しい契約」のように心の内に神の法が刻み込まれている場合や神の愛に応答するイエスの愛の教えのごとく、神律は自律の契機を内に含んでいるといえよう。こうして神律には外面化して他律となる方向と、内的な変革による自律の方向とが存在することになる。

このように神律が他律に向かう方向と自律に向かう方向とをもっているという観点からわたしはヨーロッパ近代初期の自由思想の歴史を解明できるのではなかろうかと考えるようになった。この観点は、『ルターの人間学』に続いて考究すべき課題として残しておいた「自由意志」の問題に取り組んでいるあいだに、次第に明らかになってきた。この「自由意志」(liberum arbitrium)の概念はアウグスティヌス以来、中世と通して哲学と神学の主題となり、とくに16世紀においては最大の論争点となった。今日では自由意志は選択意志として意志の自発性のもとに生じていることが自明のこととなっている。この自発性はすでにアリストテレスによって説かれており、「その原理が行為者のうちにあるものが自発的である」との一般的命題により知られている。そして実際、この選択意志としての自由意志の機能を否定する人はだれもいないのであって、「奴隷意志」(servum arbitrium)を説いたルターでもそれを否定してはいない(金子晴勇『近代自由思想の源

流――16世紀自由意志学説の研究』、362―366頁参照)。

ではなぜペラギウスとアウグスティヌス、エラスムスとルター、ジェズイットとポール・ロワイヤルの思想家たち、さらにピエール・ベールとライプニッツといった人々の間で自由意志をめぐって激烈な論争が起こったのであろうか。そこでは自由意志が本性上もっている選択機能に関して争われたのではなく、自由意志がキリスト教の恩恵と対立的に措定され、かつ恩恵を排除してまでもそれ自身だけで立つという「自律」の思想がこの概念により強力に説かれたからである。こうして自由意志の概念はほぼ自律の意味をもつものとして理解され、一般には17世紀まで用いられたが、やがてカントの時代から「自律」に取って替えられたのである。

近代初頭の16世紀ではこの自律の概念は、いまだ用語としては登場しなくとも、内容的には「恩恵なしに」(sine gratia) という表現の下で述べられていたといえる。たとえば初期ルターの討論集の標題には「恩恵を欠いた人間の力と意志に関する問題」(Quaestio de viribus et voluntate sine gratia disputata, 1516.) とあって、そこでは自由意志の力がそれ自身でいかなるものかが論じられている(前掲書、183―185頁)。ところで、このように恩恵を排除した上で自由意志の自律性を主張したのはペラギウスが最初であったと思われる。それも彼によりやや複雑な仕方で説かれはじめている。彼は「自由意志」が神の恩恵であるという。その意味は人が創造されたとき、自由意志と律法が授けられ、律法は自由意志によって実現されるというのである。こうして自由意志という人間の自然的能力は恩恵であると説かれたので、外見上恩恵が説かれているように見えても、実際は排除されていたことになる。アウグスティヌスがこの偽装をあばき、「創造の恩恵」から区別された「救済の恩恵」をキリスト教独自の恩恵として説いた(金子晴勇編『アウグスティヌスを学ぶ人のために』世界思想社、87―88頁参照)。

自由意志が救済問題で神の恩恵を排斥して説かれた場合、それは批判の対象となったとしても、一般の道徳の領域では自由意志は認められればじめていた。ペラギウスの協力者であったカエレスティウスの『定義集』には、義務の意識がある限り自由意志は前提されていると次のように説かれている。「人間は罪なしに存在すべきであるか否かが問われなければならない。疑いの余地なく、人はそうあらねばならない。もしそうあらねばならないなら、そうあり得る」と。同様にエラスムスも「それゆえ、人間はこれらのことをなし得る。さもなければ命じられていても空しいことであろう」(アウグスティヌス『人間の義の完成』第3章、5節、金子晴勇訳、「アウグスティヌス著作集9」教文館、253頁)と合理主義的に論じている。またカントの「なすべきである、ゆえになし得る」(Du kannst, denn du sollst.)も道徳法則の意識には当為実現能力としての自由意志が前提されていることを示している(カント『実践理性批判』波多野清一、宮本和吉訳、岩波文庫、50頁)。

一般道徳の領域で認められる自由意志は道徳の普遍的原理となる場合に、カントにおいては傾向性に立つ他律を排除することによって「自律」に達している。宗教の領域で恩恵を排除した自由意志の自律が問題となっていたのに、カントの場合には他律の排除により自律に達している。このことは意志の自律の規定にも明らかである。「意志の自律とは意志が（意志作用の対象のあらゆる性質から独立に）かれ自身に対して法則となるという、意志のあり方のことである」（カント『人倫の形而上学の基礎づけ』野田又夫訳、世界の名著「カント」、中央公論社、278頁）。つまり自己以外のすべての外的対象や自然必然性も排除され、自己立法的になっているのが自律の立場である。この自律が成立する最終的根拠は感性的表象のすべてから全く自由で自発的な理性に求められている。こうして「理性的自律」において近代的自律は完成するにいたっている。

しかし、同時にわたしたちが考えなければならないのは、このようなラディカルな自律の主張は、現実には稀れであって、どこまでも貫徹しうる性質のものではなかったということである。カントはその『宗教論』の中で根本悪を説かざるを得なかったし、エラスムスも「わたしには多少のものを自由意志に帰し、恩恵に多大のものを帰している人々の見解が好ましいように思われる」（D. Erasmus, Ausgewählte Schriften, Bd. IV, De libero arbitrio, diatribe sive collatio,IV, 16）といって、恩恵を排除するどころか、自由意志を最小限のところにまで後退させている。すでに考察したように自律と他律とは全く排他的な矛盾関係に立っていても、自律と神律の方は相互に深くかかわり合っている。その際、神律は自律との関係を通してわたしたちに開かれてくるといえよう。そこでパウル・ティリッヒの次の考えを参照してみよう。「神律とは、他律とは反対に、超越的内実をもって、それ自身法にかなった諸形式を実現することである。それはカトリック的権威思想のような意味で、自律を放棄することによって成立するのではなく、自律が自己を超出する地点まで達することによって成立する」(P. Tillich, Theonomie, RGG. 2Auf. Sp.)。この文章の前半は神律文化の形成について語っており、「神的霊の現前」たる神の愛という超越的内実は相対的文化の形式を通して実現される。これがいわゆる「世俗化」であって、「信仰の合法的結果」(ゴーガルテンといえよう (F. Gogarten, Der Mensch zwischen Gott und Welt, 1956, S. 108.)。その後半は自律の深化と自己超越によって神律が成立すると主張している。この自律を放棄すると他律となるが、自律を徹底させて自己を超越することにより神律に達すると述べられている点が重要である。ティリッヒは自律と神律との関連について「その神的根拠を知っている自律が神律である。しかし、神律的次元なき自律は単なる人文主義に堕落する」(ティリッヒ『キリスト教思想史Ⅱ』佐藤敏夫訳「ティリッヒ著作集」別巻3、白水社、42頁)とも説いた。わたしたちの意志は、キルケゴールが鋭く指摘しているように、自らの力によって立とうとすると目眩いを起こして倒れざるを得ない(キルケゴール『不安の概念』桝田啓三郎訳、世界の名著「キルケゴール」259頁)。このように有限な意志は神の力によってのみ再起しうるのであって、神の恩恵によって内的に新生した意志の在り方こそ神律であるといえよう。

このような神律の観点から近代の自由思想の歴史的発展が考察できるのではなかろうか。そこには次のような注目すべきプロセスが見られよう。

(1) 後期スコラ神学の発展とともに自由意志の役割が次第に拡大されてきて、自律性が高められてきている。トマスの場合、自由意志の働きは、目的達成にいたる手段の選択に制限されていたが、オッカム主義にいたると自由意志の未決定性や偶然性の強調によりその自律性が高められ、これが神学に適用されたため、恩恵は排除されていないにしても、それ自身の力によって恩恵にいたるように準備しうると説かれるようになった。

(2) オッカム主義によって教育を受け求道し続けたルターは、自由意志によって準備をなそうと試みるが挫折する。彼は律法では自律的に立ち得ない自己の無力を神の前に自覚し、「自律が自己を超出」(ティリッヒ)し神の恩恵の働きにより信仰によってのみ義となり得るという信仰義認論を確立する。彼はこの信仰により神律の立場を確立し、スコラ神学と対決するにいたった。ルターの体験と思想とは自律から神律への方向を明らかに提示している。

(3) イタリア・ルネサンスの自由意志論の発展も神律と自律との関係から解明することができる。ペトラルカの神律的人文主義はヴァッラにおいて神律が強まる方向へ発展し、他方ピコ・デラ・ミランドラにおいては自律が強調される。エラスムスにおいては、権威主義化し儀礼化した他律的信仰が批判され、キリストとの主体的関わりにより自律性が力説されるに至った。

(4) こうして神律のうちなる自律を力説するエラスムスと、神律のうちなる信仰による新生を力説するルターとの間に自由意志をめぐって激烈なる対決が16世紀の初めに生じた。この論争は調停不能な矛盾的対立に終始しているように思われるが、そこには一つの合意が成立している。それは恩恵を受容する能力として自由意志を認めることである。この受容において神律は成立するのであるから、両者とも神律に立っている点で合意に達しているといえよう。

近代初期における自由思想は中世と同じく神律的であっても、神律における自律の意義が明らかに説かれ、自律と神律との弁証法的関係が問われている。エラスムスは「自由意志が恩恵によって何をなし得るか」とそれを肯定的に問い、ルターの方は「恩恵なしに自由意志は何をなし得ないか」と否定的に問うている。前者により神律の中の自律の契機が、後者によって神律の中の非自律の契機が力説されているといえよう。それに対して現代の自由論は神律から分離した単なる自律を説いているにすぎないのではなかろうか。

［談話室］エラスムスはルターを弁護する

エラスムスは、ルターの「95箇条の提題」についても好意的であり、人文主義者ランクに宛てた手紙で、煉獄《れんごく》についての二、三の点を別にすれば、この提題はすべての人によって承認されるであろうという。これに対して「賽銭箱がチャリンと鳴ると、魂は煉獄から飛び上る」と演説してまわった贖宥状販売者テッツェルを弁護した者を不当であると決めつけ、教皇を非難して彼は言う。

ローマ教皇というこの独裁君主はキリスト教世界のペストである。しかし、このような潰瘍にあからさまに手を触れることが効果的か否か私にはわからない。それは君主たちの務めであろうが、彼らも教皇と一緒になって略奪品の分配をやらないかが心配である。どんな魔がさしてエックがルターを攻撃したかわたしにはわからない。

エラスムスとルターはキリストの福音を再興し、神学を源泉に帰らせ、当時のスコラ神学者と修道士に敵対し、共同の戦いをしていた。しかし教義の内容に関しては、すでに自由意志と恩恵の問題がルターの手紙に指摘されているように、彼らの見解のひらきは大きかった。後の論争は宿命的であったといえよう。確かにエラスムスは人文主義者以外の何者でもなく、ルターは神学者、しかも神の恩恵の絶大な力、すなわち「神の独占活動」を説く神学者であって、意志の決定論の方向は出発点から定まっていた。それゆえルターはランク宛の手紙で、エラスムスを評して、「人間的な問題が宗教的問題よりもいっそう重い比重を占めている人」と述べている。さらに人文主義者たちを念頭において「現代は危険である。人は賢いキリスト者であることなくして偉大なギリシア・ヘブライ学者であるかもしれない」とも書いている。

ルターはシュトラスブルクの人文主義者カピトによってエラスムスが彼の「95箇条の提題」を称賛していることを知り、またエラスムスの『エンキリディオン（キリスト教兵士の手引き）』第二版に付けられた「フォルツにあてた書簡」を見て、エラスムスが彼の立場を認めていることを知るにおよんで、1519年3月28日にみずから筆をとってエラスムスに呼びかけている。「拝啓、われわれの誇り、われわれの希望である敬愛するエラスムスよ」とルターは書きだし、エラスムスと親交を結びたいと願った。

この手紙には一つの明白な意図があった。この偉大な博学な権威によって彼が現に戦っている宗教改革を有利に導こうというのがそのねらいであった。ルター自身の名前が広く知られてしまった以上、もう沈黙を守ることはよくないと彼は考え、次のように希望を述べている。「だから、愛し尊敬するエラスムスよ、もしよろしければ、キリストの内にあるこの小さな兄弟を承認してください。私はあなたにひじょうに多く関与しており、かつ親愛なる気持ちをもっていますが、無知のゆえに片隅に葬られ、人に知られずにいるしか値打ちがないのです」と。

ホイジンガによると、この手紙は「やや田舎者じみた狡さと半ば皮肉を含んだもの」である。あるいはそうかもしれない。確かに言えることはエラスムスの偉大な存在にルターが圧倒されていることである。

エラスムスはこの挨拶状に答えるまえに、ルターのために幾通かの手紙を書いていた。１５１９年のアウグスブルクの国会でローマからの副使節カエタヌスとルターは、教皇の無謬性と信仰義認の教義について論争した。カエタヌスはルターが自説を取り消すため以外には出頭してはいけないといってルターを追いだした。これを聞いてエラスムスは選帝侯フリードリッヒに手紙を書き、ルターを弁護している。彼はルターと面識がなく、その著作も読んでいないと前置きしてから、まことに人文主義者らしい意見を述べている。

確かにすべての人は彼〔ルター〕の生き方を喜ばねばなりますまい。その理由は、彼が貪欲と野心からまったく自由であるからです。だれも彼を注意したり教えたり反駁したりしません。それなのに彼らは彼を異端だと呼びたてるだけなのです。……今日に至るまでその著作が危険な誤りから遠のいているような人はひとりも見いだされません。……キリスト教の最善の部分は、キリストに値する生き方です。……万人のなかで唯一人まったく誤らなかった方は、傷ついた葦を折ることなく、ほの暗い灯心を消し去ることもされませんでした。

彼はロイヒリンの事件と同様、ルターの思想ではなく、人そのものを弁護する。思想が誤っても、人間自身を尊重することは不変の真理なのである。彼は罪のない人であるルターを敬虔を装う権力者から保護してくれるよう選帝侯に頼んで、手紙を終わっている。

エラスムスはルーヴァンから1519年5月30日付の返書をルターに書いた。ルターに同情していても、すでに相当の距離をおき、ルターの改革運動が自己の人文学をも弾圧する反動的策動の口実となることを憂えている。つまり、エラスムスはルター派の旗手であるとの嫌疑を拭い去ることができなくなり、人文学への弾圧が強化されたとなげいている。

次いでエラスムスはルターの著書も読んでいないので、批判も承認もできないと述べて、ルターの先の質問と希望をものやわらかに拒絶している。しかし、彼はルターを称讃し支持する人びとは多いと力づけ、彼自身は中立を保とうとする。「わたしとしてはできるかぎり中立を保ちます。それというのもふたたび開花している人文学にいっそう役立つためです」と語る。エラスムスは本質的に人文主義者であり、どこまでも学者的公正と中道の精神に生きようとする。だがルター自身には深く同情し、党派をはなれてキリストの精神に生きるよう勧めている。「あまりにも深く根付いているのですぐには心から根絶できないような事柄については、断固たる主張をするよりも、強力で有効な証拠をあげて討論すべきです。ある人たちの毒をもった口論は、反論するよりも軽蔑した方が有効です。至るところ尊大な仕方で、したがってまた、党派的精神をもって何かを語ったり行動したりしないよう自戒しなければなりません。これはキリストの精神にかなっていると信じます」。

もちろんエラスムスはルターにこれを勧告しているのではなく、ルターが現に行っているとおりに続けてゆくよう付言することも忘れていない。こういうリベラルな態度は直情径行のルターにはどう判断してよいかわからなかったであろう。ルター派にも教皇派にも与しないで、公正な学者の道を歩もうとするエラスムスの生き方をわれわれは積極的に理解すべきである。ルターが彼に接近工作を開始したことが、エラスムスをしてルターから身を離れさす原因ともなっている。

エラスムスは対立する両陣営から利用しようとする呼び声をたえず聞いていた。しかし、彼は高貴な希望を懐いていた。それは中庸・節度・教育・愛によって平和を創りだしてゆくという幻想である。ところが、そのような信念と確信が神経質な体質のなかに宿り、加えて腺病《せんびょう》な心をもちながら他者に協力したり、結束したりしない頑固な独立心がそこに働いていた。ここに彼独自の曖昧で複雑な態度が生まれてきたと考えられる。

もし彼が自分の利益のみを考えたのなら、ルターとただちに手を切っていたであろう。ルターには深く共鳴するところがあり、彼自身その先達でもあった。彼は独立人として党派に与することを嫌い、ルターのような激烈な言葉と逆説や矛盾にみちた語り方は避けた。そこでエラスムスは側面から援助の手をさしのべてルターを弁護し、諸侯に手紙を出した。だからこそ、１５１９年から21年にかけての危険な時期にもルターはかなり平穏にすごし、討論と著述に専念できたのである。

実際、エラスムスはヴォルムス国会の直前にケルンでフリードリッヒ選帝侯（選挙侯とも呼ばれる。神聖ローマ皇帝の選挙権を有するドイツの有力諸侯。）と会見したとき、ルターをあたうかぎり弁護した。教皇特使アレアンドロは、選帝侯にルターを逮捕してカトリック教会に渡すよう説得を試みた。選帝侯はちょうどケルンに来ていたエラスムスを招いて彼から助言を求めた。シュパラティンの通訳によって選帝侯は、ルターがその説教と書物で誤りを犯しているかどうかを問うた。エラスムスの答えは、「はい、二つの点で。彼は教皇の冠を攻撃し、修道士どもの太鼓腹を攻撃しました」という言葉に始まるもので、彼はルターに好意的であり、熱心にルターを弁護した。

シュパラティンは彼の意見を文書で提出してくれるように乞うた。そこで『ルターの主張に関する22箇条の公理』が発表された。そのなかでエラスムスはルターに対する非難と憎悪はすべて無知に由来し、学問的に論破できるものではなく、福音を愛している人たちはルターに少しも怒りを感じていないので、ルターが討論を願っているように、公平な判定者によって審議せられるべきであることを進言した。

選帝侯はこのエラスムスの提言を受け入れ、ルターの保護にまわり、皇帝から審問を受けることなく、一方的に有罪宣告を言い渡されないように計り、ヴォルムスの国会にのぞんだのである。さもなければルターは秘かに逮捕され、殺されていたであろう。わたしたちはエラスムスはカール皇帝の政治顧問でもあったのだから、公平な人文主義者として国会に出席し、追放という苛酷な判決を抑えることができたと推測する。しかし彼はルターの教えのために政治的事件に巻きこまれるのを恐れ、故国のネーデルランドに帰ってしまった。

「キリストのためなら喜んで殉教しよう。だが、ルターのために殉教者となるわけにはゆかない」

と言ったそうである。

だが、もし彼の選定候への進言がなかったなら、ルターのヴォルムス国会で発言もなく、すべては闇に葬られたことであろう。

あとがき

エラスムスについては『人間と歴史――西洋思想における人間の理解』（日本YMCA同盟出版部、1975年）の第5章に最初わたしの研究を発表しました。それ以来、生涯にわたってエラスムスの研究と翻訳に従事してきました。そして定年で退職するとき『エラスムスの人間学』（知泉書館、2011年）を完成させました。さらに、その後にも翻訳と研究を続けることによってその全体像を本書でもって纏めることができました。この研究はいつも同時にルターと並行してすすめられましたが、なかでも自由意志をめぐる論争では『宗教改革の精神――ルターとエラスムスの思想対決』（講談社、学術文庫、2001年）から始まって、『近代自由思想の源流――16世紀自由意志学説の研究』（創文社、1987年）その他で詳しく論じたので、今回はこの問題には自律と神律の観点から新しく論じてみました。

このようにわたしはエラスムスの研究をルターと同時に行ってきました。ヨーロッパの思想史ではギリシア文化とヘブライ思想の総合が主流であって、その試みはエラスムスによって遂行されたのですが、ルターでは実現できませんでした。また、ルターの思想は真に深遠なものであって、日本人がこれを理解するのは非常に困難であると感じるようになりました。それに対してエラスムスの教養の世界は、日本人にも理解しやすく、そこからキリスト教の精神を把握しやすいので、多くの成果がもたらされるとわたしは確信するようになりました。彼はイエス・キリストとの人格的な関わりをどこまでも追求し、この世の富を追求することの空しさを丁寧に教えています。ですから金銭や財産といった財神（マモン）を追求して止まないわたしたちの習性を徹底的に批判し続けます。そればかりではありません。わたし自身はいつもエラスムスの博学には驚嘆していますが、彼の文章にはいつも親しみを感じ、そのラテン文を愛好してきました。読書を通して彼と過ごす時間は実に楽しいのです。ラテン語もきわめて難解な著作もありますが、大抵は読んでいていつも新鮮で、飽きることがありません。天性の文章家というものは真に素晴らしい存在です。そんなわけで多くの著作に親しむことができて、幸せでした。

本書は最近の十年間にエラスムスに関して書いたものを集めたものです。彼の思想の全体像を明らかにする試みなのですから、本書の読者にも楽しく読んでもらえると愚考しています。

終わりに本書の各章の初出一覧を記しておきます。

序文――エラスムスの世紀の到来――書き下ろし
第1章　ルネサンスと教養――書き下ろし
第2章　教養の概念――『エラスムスの人間学』知泉書館、2011年、第2章の第2節と第3節の要約。

第3章『格言集』の意義――エラスムス『格言選集』金子晴勇編訳、知泉書館、2015年の「はしがき」の改作。

第4章『エンキリディオン』の研究――（原題）「初期エラスムスの人間学の特質」『国立音楽大学研究紀要』第15集、1981年を短く縮小する。

第5章　新約聖書の序文――エラスムス『神学著作集』金子晴勇訳、教文館、2016年に掲載した「解説」を使用した。

第6章『真の神学の方法』――エラスムス『神学著作集』前掲訳書の「解説」を半分に短縮した。

第7章『痴愚神礼讃』は語る――これまで書いてきたいくつかの論文を使用して簡略に纏めた。

第8章　『対話集』とはどんな作品か――エラスムス『対話集』金子晴勇訳、知泉書館、2019年に付けた解説を採用した。
第9章　エラスムスの女性観――書き下ろし
第10章　エラスムスの聖書解釈学――特集「ものとしるし」日本カルヴァン研究会編『カルヴァン研究』創刊号、2018年に掲載した論文。
第11章　近代主体性の問題――『エラスムスの人間学』（前出）第10章、第2節と第3節を使って論じた。
［談話室］は第8章と最終章のものを『対話集』の「あとがき」と『宗教改革の精神』から採り上げましたが、その他はすべて書き下ろしです。

なお、この著作でもわたしが解説したエラスムスの『新約聖書の序文』の翻訳が出版社ヨベルから刊行される予定です。簡潔に纏められた彼の思想を味わうにはもっとも適した作品です。手にとって読んでみてください。

金　子　晴　勇

金子晴勇（かねこ・はるお）
1932年静岡生まれ。1962年京都大学大学院博士課程中退。67年立教大学助教授、75年『ルターの人間学』で京大文学博士、76年同書で日本学士院賞受賞。82年岡山大学教授、1990年静岡大学教授、1995年聖学院大学客員教授。2010年退官。

主な著書：『ルターの人間学』（1975）『アウグスティヌスの人間学』（1982）、『ヨーロッパ人間学の歴史』（2008）、『エラスムスの人間学』（2011）、『アウグスティヌスの知恵』（2012）、『知恵の探求とは何か』（2013）、『キリスト教人間学』（2020）、『わたしたちの信仰——その育成をめざして』（2020）、『キリスト教思想史の諸時代Ｉ』（2020）、『キリスト教思想史の諸時代Ⅱ』（2021）『キリスト教思想史の諸時代Ⅲ』（2021）、『ヨーロッパ思想史——理性と信仰のダイナミズム』（2021）『東西の霊性思想——キリスト教と日本仏教との対話』（2021）ほか多数。
主な訳書：アウグスティヌス著作集 第9巻（1979）、ルター『生と死の講話』（2007）、ルター『神学討論集』（2010）、エラスムス『格言選集』（2015）、C. N. コックレン『キリスト教と古典文化』（2018）、エラスムス『対話集』（2019）ほか多数。

ヨベル新書 073
キリスト教思想史の諸時代　IV
エラスムスと教養世界

2021年12月25日 初版発行

著　者 —— 金子晴勇
発行者 —— 安田正人
発行所 —— 株式会社ヨベル　YOBEL, Inc.
〒113-0033 東京都文京区本郷 4-1-1-5F
TEL03-3818-4851　FAX03-3818-4858
e-mail：info@yobel. co. jp

印刷 —— 中央精版印刷株式会社
装幀 —— ロゴスデザイン：長尾 優
配給元—日本キリスト教書販売株式会社（日キ販）
〒162 - 0814　東京都新宿区新小川町 9 -1
振替 00130-3-60976　Tel 03-3260-5670
　ISBN978-4-909871-35-0 C0216

【書評再録・本のひろば　２０２１年２月号】

コンパクトなサイズで充実のシリーズに期待。

金子晴勇　キリスト教思想史の諸時代Ｉ
ヨーロッパ精神の源流（新書判・二六四頁・一三二〇円）

評者：阿部善彦

本書は『キリスト教思想史の諸時代』（全七巻別巻２）の第一巻である。順次刊行予定の第二巻以降では、さらに、アウグスティヌス、中世思想、エラスムス、ルター、宗教改革と近代思想、現代思想に向けて展開され全七巻をなす。第一巻「あとがき」には、著者は、本格的なキリスト教思想史の著述を完成させようと長く取り組み、いくつかの断念された計画を経て今回実現に至ったとある。本シリーズは熟成の時を経て誕生したものであり、著者はその実りを惜しみなく読者にささげている。

著者は『ルターの人間学』（創文社）で日本学士院賞をうけた。著者の根本的な問題意識には人間への問いがあり、思想史研究を通じて人間学を発展させてきた。それが今回本書「序論　思想史は人間学の宝庫である」で明確にされ、シリーズ全体を方向づける。著者の人間への問いは今日的状況に根ざしており、だからこそ思想史的に展開される。近代的自我は「個我」であり、その確立は同時に、人間をとりまく全方位の関係性（つながりや意味）の破壊、つまり、人間の神との関係（宗教・信仰）、被造的世界との関係（自然・生命）、他者との関係（社会・共生）、自己との関係（人格・良心）の断絶による、連鎖的な自己崩壊を招き、ニヒリズムに至った。そこで登場した現代の人間学も人間像の焦点を結ぶ新たな中心点を定めえなかった。著者は思想史的にそのプロセスを遡り、エラスムスにおいて「霊・魂・身体」の人間学的三区分（教父オリゲネスに由来する）を見出す。それはルターにも共通し「霊は人間の最高、最深、最貴の部分であり、人間はこれにより理解しがたく、目に見えない永遠の事物を把捉することができる。そして短くいえば、それは家であり、そこに信仰と神の言葉が内在する」とあり、著者はこうした人間の「霊」の次元に注目して人間学を展開し、アウグスティヌスやルター、エラスムスでは愛、信仰、恩寵、自由意志の問題に、またドイツ神秘思想では「根底」の問題に、現代的課題では対話や人格の問題に取り組んだ。

人間の「霊」の次元つまり「霊性」は、キリスト教によって主題化された以上、キリスト教思想史を通じて研究されるが、他方、人間に共通のものとして広く思想、文化、芸術、文学に表出するので、そこに「霊性の証言」が見出される。それゆえ本書では第1章で古典文化とキリスト教、第

2章でギリシア哲学を述べた後、第3章と第4章でオイディプス王やソクラテスにおける古典文学のダイモーンが論じられる。そして本書の全体構造上、折り返し地点となる第5章、第6章では、聖書における「霊」と、「霊」の次元での神の「聖」なるものとしてのあらわれが述べられ、第7章では本書に通底する「霊と真理」（ヨハ4・23）に沿って「霊」の次元でのイエスとの交わりが述べられ、第8章ではギリシア的ダイモーンが再度、聖書のサタンとの関係から論じられ、第9章ではギリシア哲学が教父思想の観点から再考され、第10章で古典文化とキリスト教が続刊に向けて再論される。各章に付せられたコラム「談話室」は著者の仕事の舞台裏をのぞかせる。コンパクトなサイズで充実の内容であり多くの読者をえて欲しい。

（あべ・よしひこ＝立教大学准教授）

【書評再録・本のひろば　２０２１年６月号】

「不安な心」から身体―精神―霊の「霊性の人間学」へ

金子晴勇　キリスト教思想史の諸時代Ⅱ
アウグスティヌスの思想世界』（新書判・二七二頁・一三二〇円）

評者：出村和彦

本書は、『キリスト教思想史の諸時代』シリーズ第二巻で、古代末期、キリスト教と人文学を架橋したアウグスティヌスの探求者としての生涯の思想を「人間学」の観点から総合的に提示するものである。著者の長年の研究を透徹した形で表現する新書であり、バランスよくアウグスティヌス思想にわたしたちを導いてくれる。

かつて若き著者は、『告白録』における「不安な心」に焦点を当て、神の前に立つ人間の心の動態を、前置詞 ad te（神への対向性）、abs te（神からの転落性）、in te（神のうちに、神にしたがって）の三方向によって抉り出した実存論的解釈（第3章）を鮮烈に提示し、学界に大きな影響をもたらした。今や本書では、「不安の心の哲学」から「霊性の人間学」へアウグスティヌスの精神的発展をより掘り下げて考察するに至っている（第4章）。本書のアウグスティヌスの「心の哲学」は、単に個人的な「不安な心」に定位するのではなく、神に開かれた霊性の観点から考察される。この霊性は人間に共通の身体―魂―霊の作用の中心である「心」の探求である。

第6章「心の機能として霊性」で著者は、「神の知恵が最高の至福を伴ってその源から汲まれるとき…その身体は如何程にすぐれているのであろうか。それは肉の実態を持ちながらも肉的な壊廃はまったくなく、魂的ではなくて霊的になるであろう」という『神の国』第二二巻』を引用し、「これがアウグスティヌスの霊性の理解であって彼は最晩年のペラギウス論争の諸著作でもペラギウスの人間の本性の立脚した自然主義的な道徳哲学と対決」していることを明らかにし、「神秘主義が説く観照との合一についてはいつも終末論的留保がなされ、希望の下に置かれた」（141頁）と指摘している。

ちなみに古代の「哲学（原義は知恵を愛すること）」というと、専ら懐疑派等のヘレニズム・ローマ哲学やプラトン主義を指すものとされがちであるが、著者は、理性と信仰の連関についてのアウグスティヌスの独特な思想を説明し（第5章）、「愛によって働く信仰」において「最高の知恵は神であり、神の礼拝が人間の知恵である」とし、「人間であるイエスを通して神なるキリストへとわたしたちは導かれる」という思想を強調して、そのような神への愛こそ、神から与えられたものであり、その神の愛が注がれるのは「わたしたちの心」であって、アウグスティヌスは「このような心は聖霊の働きと一緒に「霊」となって起こっていると考える。ここにはカリタス（聖なる愛）の論理が明瞭に認められる」（163頁）とする。

さらに本書は、アウグスティヌスの後期思想を理解するのに格好の手がかりを与えてくれる。第7章「ペラギウス批判と霊性の復権」は、アウグスティヌスとペラギウスの恩恵論の特徴と相違について実によく整理して記述されており、これに続く第8章「原罪と予定の問題」は、アウグスティヌス自身の「情欲」への取り組み等、彼の思考の本質を提示する周到な説明がなされていて必読である。「予定」に関しても、カルヴァンの「予定説」との相違について有益な指摘（206頁）がある。

本書は、アウグスティヌス原典翻訳に長く尽力された著者の成果であり、まさに「青年時代に求めたものは、老年において豊かに与えられる」（ゲーテ）喜びそのものである。

（でむら・かずひこ＝岡山大学大学院ヘルスシステム統合科学研究科教授）

【書評再録・本のひろば　2021年11月号】

視野の広さと神の慈愛深さを特長とする独自の霊性思想

金子晴勇　キリスト教思想史の諸時代Ⅲ

ヨーロッパ中世の思想家たち』（新書判・二七二頁・一三二〇円）

評者：阿部仲麻呂

本書は、視野の広さと慈愛深さを特長とする独自の霊性思想の集大成であると同時に他者に対して一番伝えたいことを明確にまとめた啓蒙書でもある。プロテスタントのキリスト教理解を深めた著者は決して狭い枠に安住することなく、幅広くギリシア古代古典文藝の伝統や古代カトリシズムの沃野にも踏み込んで学びを洗練させた。その客観性と開かれた対話の精神はおそらくエラスムスの寛容さを学ぶことによって養われたのだろう。

アウグスティヌスからルターへ。その稀有な道行きをたどってキリスト教思想史の奥深さを正確に描くのが、この新たなシリーズ本である。もちろん著者は古代ギリシアから現代に至る哲学思想史の流れをすべて踏まえたうえでヨーロッパ文化の根底に潜む霊性の価値をえぐり出そうと試みている。その際の中核的な基軸がアウグスティヌスからルターへと至る人間の心の叫びなのである。人間の生き方を問う仕儀が心の在り様の描写に結びつく。

著者の『ヨーロッパの思想文化』(教文館、1999年)において、すでに「霊性」の重要性が強調されていた。評者は2,006年にオリエンス宗教研究所の『福音宣教』誌上で「感性論」に関する連載記事を執筆したが、その際に著者の本から多大なる影響を受けた。たしかに金子は最近の本でも以下のように述べている。「ヨーロッパ思想史と人間学がわたしの研究分野であって、青年時代から「理性」や「感性」と並んで「霊性＝信仰」に関心を寄せてきましたので……」(『わたしたちの信仰——その育成をめざして』ヨベル、2020年、233頁)。

本書の内容は全11項目から成る(中世ヨーロッパ社会の形成、エリウゲナの『自然の区分』、アンセルムスと「理解を求める信仰」、ベルナールの神秘主義、女性神秘家の特質、聖フランチェスコとボナヴェントゥラ、トマス・アクィナスの神学体系、ヨーロッパ的な愛とダンテ、ドイツ神秘主義の系譜、新しい敬虔の運動、オッカム主義の伝統とその破綻)。そして、各項のあいまに11の「談話室」が配されている(ピレンヌ、騎士道、神の存在証明、観想と活動、ベギン運動、修道院文化、ボナヴェントゥラとトマス、霊性の詩人、エックハルト、ジェルソン、パラダイムの転換)。神を求めて心を整える人間の姿の歴史的経緯を明快に整理して平易に叙述する著者の手腕は熟達した原典研究に根差す。

ところでローマ・カトリック教会の教皇聖ヨハネ・パウロ2世はアジアの霊性を価値あるものとして理解した。「アジアは霊的なものを重んじ、深い宗教感覚を生得的に備えている地域です。このアジアの価値ある霊的遺産を人類に共通するものとして大切にしなければなりません」(Jordan Aumann, Asian Religious Traditions and Christianity, The Faculty of Theology University of Santo Tomas, Manila, 1983, p.244.) この文章からもわかるように、アジア地域において「霊性」が先天的に内在することが強調される。「霊性」とは、人間が自分の存在根拠に向かうことである。キリスト教的に言えば、誰にでも生まれつき備わっている神に向かって開かれゆく性質のことである。ローマ・カトリック教会は、キリスト教以外の諸宗教の奥底に誠実で価値のある霊性が息づくことを認めた。そして諸宗教の内なる真実と善さを受け容れ、彼らに触発されて、キリストの真実に磨きをかけ、救いが成就することを望む。金子の諸著作にも同様の望みがみなぎる。彼は日本における霊性的な深みの次元で生きつつもキリストの道の歴史的な展開を理解するために特にヨーロッパに焦点を定めた。徒に西洋に埋没することなく、アジアの生活文化を背景にした霊性的次元に根差して西洋思想史を眺め直すという、意欲的で新鮮な試みは世界的に見ても稀有で先駆的な業績である。

(あべ・なかまろ　東京カトリック神学院教授、日本カトリック神学会理事)

(本の価格は税込み表示です)

ヨベルの既刊書（税込）　お求めは https://yobel.co.jp まで

岡山大学名誉教授　金子晴勇　**東西の霊性思想**　キリスト教と日本仏教との対話　大反響！

ルターと親鸞はなぜ、かくも似ているのか。「初めに神が……」で幕を開ける聖書。唯一信仰に生きるキリスト教と、そもそも神を定立しないところから人間を語り始める仏教との間に対話は存在するか。多くのキリスト者を悩ませてきたこの難題に「霊性」という観点から相互理解と交流の可能性を探った渾身の書。

再版準備中　四六判上製・二八〇頁・一九八〇円　ISBN978-4-909871-53-4

岡山大学名誉教授　金子晴勇　**わたしたちの信仰**　その育成をめざして

聖書、古代キリスト教思想史に流れる神の息吹、生の輝きを浮彫！　アウグスティヌス、ルター、エラスムスらに代表されるヨーロッパ思想史。その学究者が、ひとりのキリスト者として、聖書をどのように読んできたのか、信仰にいかに育まれてきたのかを優しい言葉でつむぎなおした40の講話集。

新書判・二四〇頁・一二一〇円　ISBN978-4-909871-18-3

ジョン・ポール・レデラック　水野節子、宮崎 誉［共訳］西岡義行［編］

敵対から共生へ——**平和づくりの実践ガイド**——

非暴力と平和主義を掲げるメノナイトの本書著者レデラック氏が**第36回庭野平和賞受賞！**　敵意と対立の痛みから、新たな関係へと創造的に変革されていく、驚きの道案内！

新書判・一五二頁・一二一〇円　ISBN978-4-909871-55-8

わたしはヨーロッパ思想史を研究しているうちに、そこには人間の自己理解の軌跡がつねにあって、豊かな成果が宝の山のように、つまり宝庫として残されていることに気づいた。その結果、思想史と人間学を結びつけて、人間特有の学問としての人間学を探究しはじめた。……歴史はこの助走路である。……人間が自己自身を反省する「人間の自覚史」も同様に人間学を考察する上で不可欠であって、哲学・道徳・宗教・文芸において豊かな宝の山となっている。わたしは哲学のみならず、宗教や文芸の中から宝物を探し出したい。（本書より）

各巻・新書判・平均二六四頁・一三二〇円

岡山大学名誉教授

金子晴勇　キリスト教思想史の諸時代［全7巻別巻2］

Ⅰ　ヨーロッパ精神の源流［既刊］
Ⅱ　アウグスティヌスの思想世界［既刊］
Ⅲ　ヨーロッパ中世の思想家たち［既刊］
Ⅳ　エラスムスの教養世界［既刊］
Ⅴ　ルターの思索［次回配本］

Ⅵ　宗教改革と近代思想［第6回配本］
Ⅶ　現代思想との対決［第7回配本］
別巻1　アウグスティヌスの霊性思想［第8回配本］
別巻2　アウグスティヌス『三位一体論』の研究［第9回配本］

ISBN978-4-909871-27-5

ISBN978-4-909871-33-6

ISBN978-4-909871-34-3

ISBN978-4-909871-35-0

反響！
全巻予約承り中